中国省域能源消费碳排放时空特征研究
——转移、相关与溢出

刘佳骏 著

当代中国出版社
Contemporary China Publishing House

图书在版编目(CIP)数据

中国省域能源消费碳排放时空特征研究：转移、相关与溢出 / 刘佳骏著. -- 北京：当代中国出版社，2016. 6
ISBN 978-7-5154-0693-0

Ⅰ. ①中… Ⅱ. ①刘… Ⅲ. ①能源消费—研究—中国 Ⅳ. ①F426.2

中国版本图书馆 CIP 数据核字(2016)第 103204 号

出 版 人 曹宏举
策划编辑 王延新
责任编辑 王延新
责任校对 康 莹
装帧设计 信宏博·张红运
出版发行 当代中国出版社
地 址 北京市地安门西大街旌勇里 8 号
网 址 http://www.ddzg.net 邮箱：ddzgcbs@sina.com
邮政编码 100009
编 辑 部 (010)66572264 66572154 66572132 66572180
市 场 部 (010)66572281 或 66572155/56/57/58/59 转
印 刷 北京润田金辉印刷有限公司
开 本 720 毫米×1020 毫米 1/16
印 张 10 印张 2 插页 130 千字
版 次 2016 年 6 月第 1 版
印 次 2016 年 6 月第 1 次印刷
定 价 38.00 元

目　录

附录： 本研究主要数据 / 143

基金资助：

国家自然科学基金青年项目：京津冀城市群碳排放空间格局与影响机制研究（41401188）

中国社会科学院财经战略研究院青年项目：“十三五”推进能源消费革命对策措施研究

摘要

本研究利用全国省级面板数据，结合重心模型对全国经济总量、碳排放与碳排放强度重心转移轨迹进行研究，并对其驱动因素进行了分析。结果表明：中国碳排放量与碳排放强度重心逐渐向西南方向移动，而经济重心却呈现出向西北方向移动的轨迹。利用空间相关模型与空间溢出模型，结合全国30个省区面板数据分析我国碳排放强度与人均碳排放的空间效应关系，研究结果表明：2000年至2010年间，碳排放强度局部范围内具有较高的空间相关性，“冷点”区与“热点”地区空间格局相对稳定；人均碳排放强度局部范围内空间相关性较低，没有出现显著的“凸点”和“凹点”现象；碳排放强度溢出效应显著区域主要集中在东部沿海经济发达省区与中西部传统能源产品输出省区，人均碳排放溢出效应显著的区域主要集中在环渤海与长三角城市群聚集的省区，中部（两湖、徽、赣）和云贵高原的人均碳排放存在一定集聚效应，但东部沿海经济发达省区碳排放强度与人均碳排放对碳排放占全国份额的负增长效应显著，而中西部能源产品输出省份正增长效应显著。

经济增长是导致碳排放增长的重要因素，能源效率可以有效抑制碳排放增长，并且能源效率的区域分布不均衡是导致碳排放重心与经济重心移动轨迹出现偏离的主要原因。产业结构则因碳锁定效应的影响在短时期内尚难较大程度地影响碳减排。据此，本文认为，在未来一段时间内，施行技术节能仍然是中国降低碳排放最直接、最有力的政策措施，尤其是对于中、西部地区，提高能效是推进节能减排的重要着力点；政府应继续加强对区域能效的有效监管，保证节能减排的各项政策法规切实施行；从长远看，优化产业结构与提升产业发展水平则是降低碳排放的根本措施。

第一章　绪　论

2009年，中国提出了到2020年碳排放强度较2005年下降40%～45%的目标。“十二五”规划中又提出实现能源消费的总量控制，并对各省市实施碳强度指标考核制度。然而，无论是总量控制指标还是碳强度指标，并没有考虑到各省市经济发展的阶段性特点、资源禀赋状况以及在区域经济发展中的战略地位，从而导致地方政府节能减排工作困难重重，极大地降低了政策的有效性。因此，为了兼顾减排指标的完成和地区经济的发展，政府有必要对我国碳排放的区域分布的演变趋势及其驱动因素进行深入的分析和研究，抓住影响区域降低碳排放的关键因素，制定能从根本上有效抑制碳排放的政策，以保证减排指标的顺利完成。

当前，中国经济社会发展正步入一个新的历史时期，应对气候变化工作面临的形势更为严峻，任务更加艰巨。2013年，中国反复出现大范围持续性雾霾天气，引起全社会高度关注，凸显出粗放发展模式已经难以为继，切实转变经济发展方式、推进绿色低碳发展任务日益紧迫。坚持绿色低碳发展、积极应对气候变化，既是新时期中国政府大力推进生态文明建设、实现可持续发展的必由之路，也是树立负责任的国家形象、为保护全球气候环境作出积极贡献的现实选择。中国政府高度重视应对气候变化问题，2014年5月出台了《2014—2015年节能减排低碳发展行动方案》，明确提出单位国内生产总值二氧化碳排放今明两年分别下降4%和3.5%以上；2014年9月印发了《国家应对气候变化规划（2014—2020年）》，明确了2020年前中国应对气候变化工作的指导思想、主要目标、总体部署、重点任务和政策导向；2014年9月在联合国气候峰会上，中国国家主席习近平特使、国务院副总理张高丽全面阐述了中国应对气候变化的政策、行动及成效，并宣布中国将尽快提出2020年后应对气候变化行动目标，碳排放强度要显著下降，非化石能源比重要显著提高，森林蓄积量要显著增加，努力争取二氧化碳排放总量尽早达到峰值。

2013年以来，中国政府紧紧围绕“十二五”应对气候变化目标任务，全面落实“十二五”控制温室气体排放工作方案，继续通过调整产业结构、节能与提高能效、优化能源结构、增加碳汇、适应气候变化、加强能力建设等综合措施，应对气候变化各项工作取得积极进展，成效显著。2013年单位国内生产总值二氧化碳排放比2012年下降4.3%，比2005年累计下降28.56%，相当于少排放二氧化碳25亿吨。与此同时，在气候变化国际谈判中，中国继续发挥积极建设性作用，推动华沙会议取得积极成果，广泛推进国际交流与合作，为应对全球气候变化做出了重要贡献。

一、研究背景

自英国2003年提出发展“低碳经济”的倡导以来，减少二氧化碳排放量、提高碳排放效率、发展低碳经济已经成为世界各国的共识。中国在2009年哥本哈根召开的世界气候大会上也做出承诺，到2020年中国单位GDP的二氧化碳排放量将下降40%—45%。鉴于中国自2007年以后成为仅次于美国的全球第二大温室气体排放的国家，减少二氧化碳排放量、提高碳排放效率将会成为中国长期关注的重要问题。但是目前我国仍然处于高速工业化和城市化的发展时期，特别是我国能源利用技术和效率普遍低于发达国家，导致我国的二氧化碳排放量居高不下。2012年我国共消费了36.2亿吨标准煤的一次能源，占世界能源消耗总量的20 %，其单位GDP能耗是世界平均水平的2.5倍，美国的3.3倍，日本的7倍，高于同期的巴西、墨西哥等发展中国家。我国目前仍然是高能耗、高排放的粗放型经济增长模式，过多的化石能源消耗排放了大量的二氧化碳，给我国二氧化碳的减排工作带来了较大压力。转变经济增长模式、提高碳排放效率、实现2020年单位GDP的二氧化碳排放量下降40%—45%的预期目标，已经成为社会各界关注的重要问题。

（一）当前地球气候系统异常变化问题突显

近百年来，特别是近二三十年来，地球气候系统正经历着一次以变暖为主要特征的显著变化（秦大河，2008）。1906年至2005年全球地表平均温度上升了0.74摄氏度；1961年至2003年海平面平均每年上升1.8毫米，1993年至2003年平均上升速率为3.1毫米；北半球积雪退缩，北冰洋海冰面积在以每十年2.7%的速度递增；南极大陆冰雪融化速度也在加快，南极西部在2006年融化了大约

1320 亿吨的冰，而在 1996 年，这一数据是 830 亿吨（EricRignotetc，2008）。与此同时，全球环境也发生了重大变化：水资源短缺，生态系统退化，极端天气频发，土壤侵蚀加剧，生物多样性锐减，冰冻圈退缩等。气候变化问题已成为各国政府、公众和科学界关注的重大问题。

（二）人类活动引起二氧化碳浓度增高很可能是导致气候变化的主要原因

气候受它自身和其他外部因素的影响是不断变化的，外部因素包括火山喷发、太阳活动以及人类活动导致的温室气体成分变化。温室气体主要包括水蒸气、二氧化碳、甲烷、一氧化氮、臭氧等气体。二氧化碳相对于其他气体虽然变暖因子不强，但是由于其浓度很高且在大气中留存时间长，而成为温室效应的首要气体（表 1－1 所示）。检测数据显示，目前大气中的二氧化碳含量是历史平均水平的 1.5 倍左右①。在过去相当长的历史时期内，大气二氧化碳浓度基本维持在 280ppm 左右。1750 年以后开始迅速上升，到了 1950 年前后便直线上升，2005 年底到了 380ppm（见图 1－1，图 1－2）。可以说 1750 年是一个拐点。而 1750 年瓦特发明了蒸汽机，标志着人类工业化的开始，人类开始大量地使用化石燃料。所以，1750 年以后人类工业文明的大发展引起的大范围能源活动是大气二氧化碳含量迅速攀升的直接原因。大气中二氧化碳含量迅速升高很可能是全球气候变化最主要的原因。

表 1－1　各种温室气体的温室效应比较

温室气体	全球变暖因子[1]			在大气中存留的时间/年	在大气中的浓度（ppb[2]）
	20 年	100 年	500 年		
CO_2	1	1	1	50—200	379000
CH_4	62	23	7	12	1760
N_2O	275	296	156	114	320
CFCs	49000—10200	4600—14000	1600—16300	45—1700	小于 1
O_3	—	—	—	0.1—0.3	—
H_2O	—	—	—	0.01	—

注：1. 全球变暖因子（GWF）：用来评估某种气体吸收和释放热量的能力。二氧化碳的 GWF 被设为 1。其他气体的 GWF 值表明了排放 1kg 该种温室气体相对于 1kg 二氧化碳所产生的温室效应；

2. ppb：每十亿单位中的含量；

3. 资料来源：根据 IPCC 第三份评估报告（2001）整理（IPCC，2001）。

① 20 世纪 80—90 年代，南极 Vostok 站小组人员通过测量南极地下冰芯中气泡二氧化碳含量的方法测算了距今 42 万年以来 4 个冰期－间冰期大气中的二氧化碳含量；同时，一组澳大利亚和法国的研究者在南极大陆的 Lawdome 进行了冰芯试验，测出了近 1000 年空气中二氧化碳的含量；位于美国夏威夷岛的 Maunaloa 天文台从开始建立到现在观测了 1958 年以来大气中的二氧化碳含量，显示了近 50 年来二氧化碳浓度的增长速度。

2001 年以来，科学家们对温室气体、太阳活动、陆地表面属性和气溶胶某些方面的相关模拟，做出了相应的量化估算。得出的结果是，人类活动的影响增加了 1.6 瓦/平方米，而自然界只有 0.12 瓦/平方米。联合国政府间气候变化专门委员会（Intergovernmental Panel on Climate Change，IPCC）就地球气候变化问题先后完成了四次评估报告。2007 年第四次评估报告的结论是：人类活动很可能是气候变暖的主要原因，这种可能性在 90% 以上（IPCC，2007）。

图 1－1　近一千年大气二氧化碳浓度变化

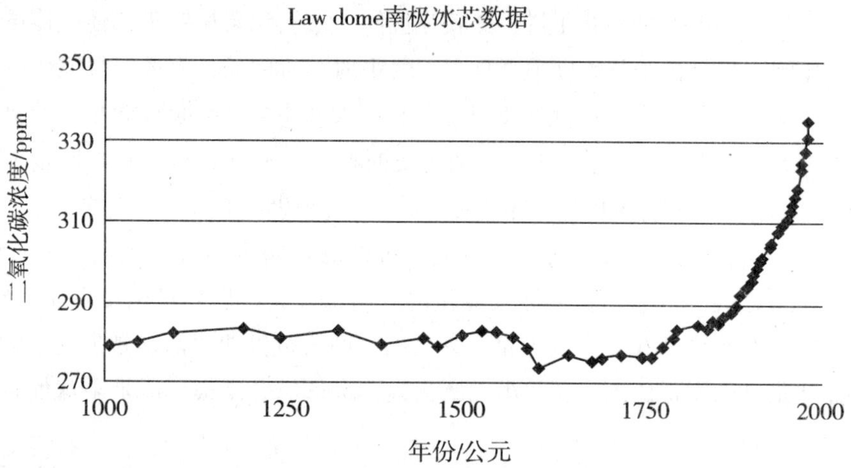

资料来源：（Etheridge D M，Steele L P，Langenfelds R L，etc，1996）

图 1－2　近五十年大气二氧化碳浓度的变化趋势

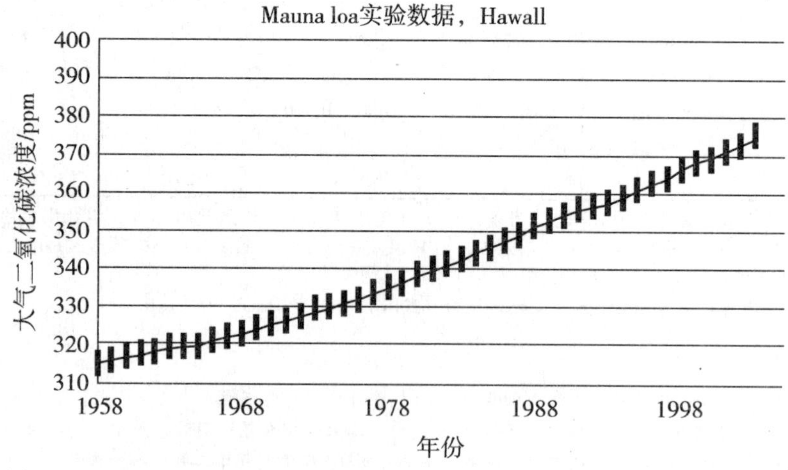

资料来源：（Keeling C D，Whorf T P，2005）

（三）世界各国关于二氧化碳减排方案的谈判非常激烈

国际气候谈判自1990年开始，经历了十几年艰苦而漫长的谈判进程。1992年6月，联合国环境与发展大会上各国政府签署了《联合国气候变化框架公约》（简称《气候公约》，英文缩写UNFCCC），确立了稳定大气中温室气体的长期目标，以及公平和共同但有区别责任、可持续发展等一系列人类社会应对气候变化的重要原则，可以说是迄今为止在国际环境与发展领域中影响最大、参与最广、意义最为深远的国际法律文件。但《气候公约》未能就具体的减排义务做出明确规定。

1997年12月，框架公约各缔约方在日本京都召开会议，并通过了具有法律约束意义的《京都议定书》，在《气候公约》下首次为发达国家和转轨经济国家规定了定量的减排义务：即到第一承诺期（2008－2012年）整体减排5.2%，其中欧盟减排8%，美国7%，日本6%，俄罗斯持平。同时，为了降低减排成本，还引入排放贸易（ET）、联合履约（JI）和清洁发展机制（CDM）三个基于市场的灵活机制，允许发达国家通过市场或基于项目的合作进行“海外减排”。但是，美国以“气候变化的不确定性、对美国经济影响太大、中国和印度没有参与”为由拒不批准《京都议定书》，随后澳大利亚也退出议定书，导致《京都议定书》能否生效一度面临严峻的挑战。直至2005年2月，国际社会通过艰苦努力的谈判才达成妥协，在美国和澳大利亚退出下，才促成议定书正式生效。2005年11月《气候公约》第11次和《京都议定书》第1次缔约方会议在加拿大蒙特利尔召开。一方面从法律上确保《京都议定书》步入实际运行的轨道，另一方面以“双轨”并行①的方式启动了“后京都”谈判，即2012年《京都议定书》到期后温室气体新的减排方案谈判，起到了承上启下的作用。

同时，美国在联合国气候变化谈判之外一直在进行所谓的应对气候变化行动。以美国为主导分别发起了“氢能经济国际伙伴计划”“碳收集领导人论坛”“第四代国际论坛”以及“再生能源与能源效益伙伴计划”等。而最具影响的是2005年7月在美国的倡议下，来自美国、中国、日本、韩国、澳大利亚和印度六国的外长或代表，在老挝首都万象发表的《亚太地区清洁发展与气候新伙伴计划》（Asia Pacific Partnership on Clean Development and Climate）（中国网，2007），

---

① 所谓“双轨”并行，其中“一轨”是在《京都议定书》下成立特设工作组，谈判发达国家第二承诺期的减排义务。而“另一轨”则是为了美国、澳大利亚等非议定书缔约方能够参与谈判，在气候公约下就促进国际社会应对气候变化的长期合作行动启动为期两年的对话。

决定建立新的伙伴关系，致力于通过国家间的技术转让开发清洁能源来满足日益增长的能源需求，以应对亚太地区的能源和气候变化等问题，但并没有硬性规定每个国家的排放消减义务。

但是随着2012年的临近，“后京都”谈判并未取得实质性的进展。在国际社会和各主要缔约方的不懈努力下，2007年围绕气候变化问题召开了很多高级别会议。2007年2月至5月，政府间气候变化专门委员会（IPCC）陆续发布第四次评估报告，对全球气候变化的现实、原因，全球气候变化对自然生态环境系统和人类经济社会的影响，以及减少温室气体排放的可能影响和相关政策措施给出了科学全面的分析评估，同时向全球发出最严重的警告；4月，联合国安理会首次就气候变化与国家和国际安全问题进行辩论，进一步提升了气候变化在国际政治议程上重要性；6月，在德国召开的G8 +5峰会继续聚焦气候变化并发表联合声明；9月，美国主导召开了16个温室气体排放大国领导人峰会。尽管这些高级别会议或是一般性辩论，都不是“后京都”的正式谈判，也不以达成某种谈判结果为目标，更多地是为后续正式谈判创造了氛围，但由此可以看出气候变化问题在国际政治经济关系中的重要程度。

2007年12月3日至14日《气候公约》第13次和议定书第3次缔约方会议在印尼巴厘岛召开。经过两周的艰苦谈判，孕育出备受瞩目的“巴厘岛路线图”。启动了后京都谈判，明确规定了谈判应该在2009年底之前完成，并为2009年前应对气候变化谈判的关键议题确立了明确议程，同时也将美国纳入进来。可以说，巴厘岛路线图让国际社会重新看到了各国共同应对气候变化行动的曙光。但是作为巴厘岛路线图的一丝曙光，2009年12月7日至18日的哥本哈根联合国气候变化大会，即《联合国气候变化框架公约》第15次缔约方会议暨《京都议定书》第5次缔约方会议，仅仅通过一份不具法律约束力的《哥本哈根协议》，不能不让世人失望。如果在2012年《京都议定书》第一承诺期到期之前，国际社会没有达成一致的具有约束力的减排方案的话，那么人类应对全球气候变化的行动将受到重大挫折，因此根本哈根气候会议也被有些人认为是“拯救人类的最后一次机会”。

虽然联合国秘书长潘基文表示，将努力推动在2010年实现通过具有法律约束力的国际减排方案，但是从哥本哈根谈判历程的艰辛以及一些发达国家极不负责任的态度，可以预见其困难程度如何。

总之，通过国际社会关于减排方案的谈判历程可以发现，受到发展机会的博弈和利益的冲突，试图通过谈判达到直接减排的目的进而减缓全球气候变化，实现难度很大。其最为根本的原因在于在以生产为视角的当前温室气体排放账户核算体系下，削减温室气体排放即意味着放弃发展机会和经济利益。一般来说我们可以将生产视为供给，消费视为需求。根据市场经济理论，有需求就会有供给，如果需求不减少，供给很难削减。因此，温室气体的全球减排方案可以换一个视角，从改变世界人们特别是发达国家人们的消费习惯和消费方式入手，间接减少生产排放，也许会产生很好的效果。

（四）我国碳排放总量增加迅速，成为世界第一大碳排放国

我国作为发展中国家，虽然没有承担《联合国气候变化框架公约》中要求的减排义务，但是随着我国改革开放以来经济的高速发展和人口的增加，能源开发和利用总量也随之大幅度增长（图 1－3），二氧化碳的排放量也随之增加。美国橡树岭国家实验室二氧化碳信息中心（CDIAC）计算了世界上主要国家工业革命以来碳排放量，结果显示 2006 年我国能源消费导致的碳排放总量为 16.65 亿吨碳，第一次超过美国成为世界上第一大碳排放国，占全球排放总量的 20.2%。根据 CDIAC 的计算结果，我们可以看出我国近 100 多年能源消费导致碳排放量的增加趋势（图 1－4）。

图 1－3　我国经济总量和能源消费趋势图

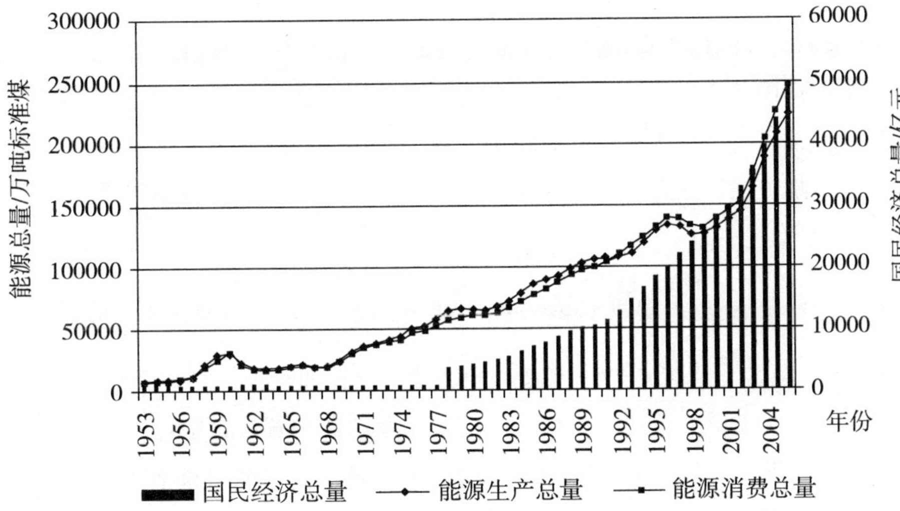

从图 1－4 中可以看出，我国能源消费导致二氧化碳排放总量总体呈加速上升趋势，且在 2002 年以后几乎呈直线增加。面对国际上要求中国减排的舆论压力以及 2012 年《京都议定书》第一承诺期的到期、后京都谈判的开始，我国面临很大的减排压力。但是由于我国以出口为导向的外向型经济发展战略的实施，产业

图 1－4　我国能源活动碳排放增量趋势图

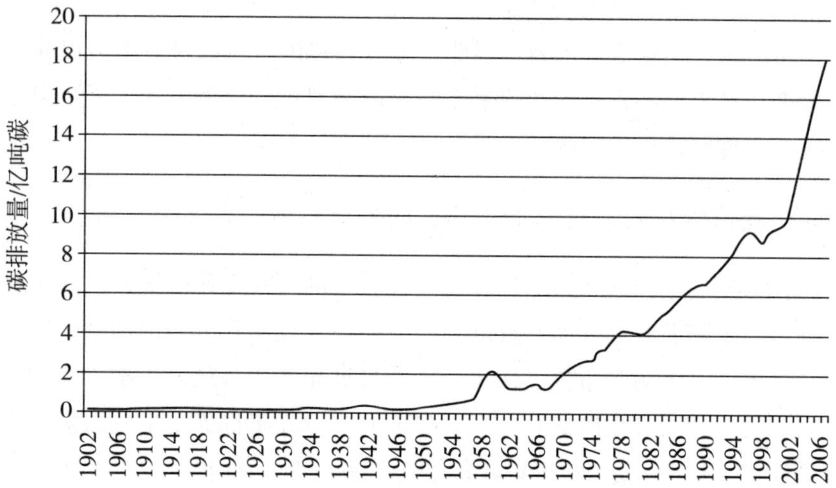

结构中基础原材料工业和加工工业所占比重大，重工业化特征明显，产业结构的能耗比较高。据世界银行按 GDP 汇率计算，2003 年我国单位 GDP 的能源消耗，比世界平均水平高 2.2 倍。产业结构对一次能源消费的影响主要通过自身演进速率的快慢来实现，中国在长期一边倒的部门发展政策影响下，刚性演进特征极大地制约了国家产业结构节能效应的发挥，单位 GDP 能耗居高不下（张雷，2006，2008）。因此，以出口为导向的经济发展战略导致的我国产业结构特点以及我国在世界生产链中的位置，使我国成为发达国家消费品的主要供给国之一，而我国与世界其他地区的这种生产消费联系也导致了我国的碳排放中有很大一部分是为其他国家承担责任。因此定量研究我国与世界其他地区的产业活动碳排放联系具有现实的意义。

（五）经济全球化程度越来越深，生产活动的区域联系越来越紧密

20 世纪 70 年代以来，发达国家的经济结构调整和产业扩散以及“布雷顿森林”金融体系的解体，促进了全球范围内的产业转移和贸易自由化，逐渐形成了新的全球劳动分工。而近 20 多年来，“冷战”的结束以及通信技术的飞速发展则进一步强化了这种趋势。一方面，商品、服务、生产要素和信息的跨国界流动的规模与形式不断增加；另一方面，不断深化的劳动分工和跨国投资所形成的全球生产网络和贸易网络，使世界各国经济相互依赖程度日益加深。因此，尽管还有争论，无论是学术界还是政界和商界基本上都承认世界经济进入了全球化时代（刘卫东，马丽，刘毅，2003）。在此背景下，参与经济全球化的程度成为影响地

区发展的重要因素和最大变数。

随着经济全球化的加深，任何国家或地区的生产活动与其他国家或者区域的联系也越来越紧密。特别是我国自20世纪80年代改革开放以来，接纳了为数众多的以外商直接投资为体现的全球产业转移。同时，由于政策促进、对外贸易高度发展，中国从一个国际贸易无足轻重的国家成为世界贸易大国。目前，国外很多学者和舆论认为我国正在成为“世界工厂”或“世界制造基地”。2001年底，我国正式加入世界贸易组织（WTO），进一步促进了我国参与全球化的过程。1980年中国进出口额仅为378.2亿美元，到2007年已经达到21737.3亿美元。我国对外贸易依存度也由1980年的12.8%上升到2007年的70%以上。经济全球化，或者说与外界的经济联系，已经成为中国经济增长的主要驱动力之一（刘卫东，张国钦，宋周莺，2007），同时也是我国能源消费迅速增长的主要因素之一。因此，研究产业活动碳排放问题有必要理清其国家或者区域之间的联系。

总之，随着全球经济的发展，人类产业活动对能源需求的不断增加而导致的大气二氧化碳浓度不断升高已经越来越影响到全球气候。气候变化及其引发的各种生态问题越来越受到全球各国各界人士的关注。为了迎接全球气候变化异常的挑战，有关二氧化碳减排的国际气候谈判不断发展。但是当前在以生产为视角的温室气体排放账户核算体系下，削减温室气体排放即意味着放弃发展机会和经济利益，气候谈判进展并不顺利。因此我们有必要换一个视角，从改变人类的消费习惯入手达到减缓温室气体的排放目的，这样就有必要研究各个区域之间的生产—消费联系。在全球化不断加深的今天，各个国家之间的生产—消费联系越来越紧密，研究各国或者各区域之间经济联系导致的碳排放区位转移问题，有助于理清碳排放的结构和来源，有利于碳减排措施的制定和实施，也有利于明确各国或者各区域之间的排放责任。因此，研究碳排放的区域联系是一个意义重大的课题。

（六）国内资源环境的现实压力迫使我们重新思考经济发展方式

能源是人类生存、经济发展和社会进步的物质基础，能源消费与经济增长之间的关系可以表现为如下几个方面：一是经济增长对能源存在依赖性，大量的能源投入促进了经济的快速增长；二是经济增长对能源的大规模开发和利用有促进作用，也为发展能源提供了资金支持；三是经济增长引发了产业结构调整、技术进步，进而影响能源消费；四是经济增长推动了能源效率提高，能源强度下降等（中国人民大学区域与城市经济研究所课题组等，2010）。然而，快速的经济增长也不可避免地加剧了对能源消耗、环境保护的压力，造成负外部性问题。温室气体排放就是典型的负外部性问题之一。根据全球变化理论，目前的全球气候升温主要是由于人类的二氧化碳排放过多导致的，而能源消费活动产生的碳排放是温室气体的主要来源。长期以来，中国大部分地区普遍呈现出粗放式增长的特点，主要表现为：经济增长由大量资本、能源、原材料以及劳动力投入推动，经济的高速发展依赖各类资源的过度消耗，同时产生了大量的温室气体排放。如果经济增长模式长期建立在高能耗、高排放的基础上，最终会陷入恶性循环，可能会制约经济的进一步发展，因此，我们必须树立科学发展观，走“资源节约型、环境友好型”的路径。其中，对碳排放开展全面深入的研究是提升经济发展质量的科学手段，是建设和谐社会、实现可持续发展的必然要求。

二、研究意义

（一）理论上促进经济地理学方法在实际问题中的应用

由于各区域之间生产消费关系的不断增强，碳排放研究以及碳减排政策的制定离不开区域生产结构以及区域之间的生产消费关系研究。任何经济社会问题的分析研究都离不开地理空间的问题。区域差异以及区位问题也一直是经济地理学关注的重点内容。经济地理学在区域差异的衡量、区域差异的内在影响因素及其变化机制等方面形成了良好的研究方法和手段，并在大量实践中总结出来增长极、点轴系统等理论。本文运用经济地理学的一般方法，结合投入产出等系统分析方法，对中国碳排放的区域差异及其原因进行研究，在理论上有利于进一步促进经济地理学研究方法在实际问题研究中的应用。

（二）实践上有利于中国碳减排区域政策的制定

中国是目前世界上碳排放量最大的国家，面临着巨大的国际舆论压力和减排压力。由于中国地域辽阔，不同区域之间在产业结构、生产技术、能源结构等方面都存在很大的差异，实行一刀切的减排措施不仅有失公平，而且减排效果也不会太理想。本文从中国碳排放区域差异的定量研究入手，分析碳排放区域差异形成的原因、碳排放区位转移状况及其内在动因，能够深刻揭示碳排放的根源及其区域差异形成的内在本质，有利于碳减排区域政策的制定。

（三）化石能源消费碳排放的研究亟待完善

化石能源利用是造成环境变化的关键因素，大量的化石能源消费引起温室气体排放，使大气中温室气体浓度增加、温室效应增强，导致全球气候变暖。1860

年以来，全球平均气温提高了0.4℃—0.8℃，IPCC所做的气候变化预估报告得出的结论是：二氧化碳为温室气体的主要部分，其中约90%以上的人为二氧化碳排放是化石能源消费活动产生的，因此，对化石能源消费碳排放的研究对实施碳减排具有重要意义。

随着碳排放相关研究的日益增多，形成了多个热点研究领域，例如碳排放与经济增长的关系研究、碳排放预测研究、低碳经济发展路径研究、低碳政策和对策研究等。其中有些研究尚显不足，亟待完善，例如：在碳排放时空格局的研究方面，国内主要集中于碳排放发展态势的描述和分析上，即刻画研究期内全国或某一省份碳排放的演变轨迹，进一步探寻其成因和规律，而对一个国家不同尺度碳排放时空格局的系统研究较为少见；在碳排放影响因素研究方面，国内的论文数量已形成一定的规模，但研究的视角比较局限，偏向于碳排放客观影响因素的分析，而对主观影响因素如政府建立何种管理制度、企业采取何种经营行为、公众选择何种消费方式等关注较少。因此，本文将研究重点放在这些方面，希望能够完整地构建碳排放时空格局的研究体系，从主客观二维视角发现碳排放影响因素的作用规律，以弥补目前国内研究的薄弱环节，拓展研究视野。

（四）为国家“十三五”规划提供科学决策依据

能源短缺和高碳排放已成为中国经济可持续发展的制约因素。“七五”“八五”“九五”三个时期，我国能源消费弹性系数始终小于1。进入“十五”以后，能源消费速度开始加快，并且逐步超过同期国内生产总值的增长速度，平均能源消费增长速度和平均能源消费弹性约分别达到1和1.05，对资源环境带来巨大压力。“十一五”规划提出，到2010年，在2005年的基础上单位GDP能源消费降低20%；“十一五”期间，国家采取节能减排和抑制高耗能产业过快增长等措施，能源消费增速有所放缓。“十二五”规划提出了今后五年经济社会发展的主要目标，其中在能源与环境方面的目标是：非化石能源占一次能源消费比重达到11.4%，单位国内生产总值能源消耗降低16%，单位国内生产总值二氧化碳排放降低17%。由此可见，能源和环境对经济发展的约束越来越紧，保障能源供应的压力越来越大。

本文的研究恰处于“十二五”和“十三五”过渡阶段，对化石能源消费碳排放开展全面系统的研究，包括对碳排放的时空格局、演变机理、影响因素、典型案例等方面的分析并形成一套科学的研究方案，有助于推进能源资源的节约及生态环境的保护，有助于保障国家、区域的能源安全，有助于实现“十三五”规划的节能减排目标和哥本哈根气候大会的减排承诺，有助于推进低碳经济与国际接轨的进程早日实现。

三、研究技术路线

本书研究技术路线如下图所示：

图 1－5　本书研究技术路线

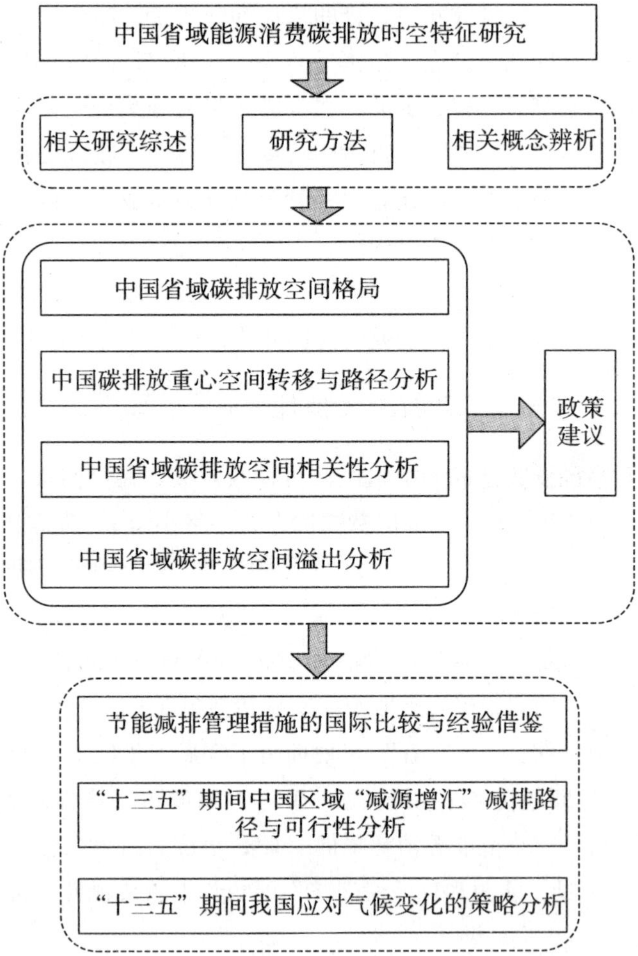

第二章　相关研究综述

本章主要针对目前碳排放研究的相关理论进行梳理，并对相关研究方法与研究进展进行总结，并对碳排放研究的主要领域与政策应用进行概括。

一、相关理论综述

基于不同学科的视角构筑本文的理论支撑，包括低碳经济理论、环境库兹涅茨曲线、区域经济学理论、经济地理学理论和发展经济学理论。

（一）低碳经济理论

为了应对气候变化给人类生存环境带来的巨大挑战，低碳经济的概念应运而生，英国政府在 2003 年的能源白皮书《我们能源之未来：创建低碳经济》中，首次提出了“低碳经济”（Low Carbon Economy）的概念。该白皮书从英国对进口能源高度依赖和作为《京都议定书》缔约国有义务降低温室气体排放的实际需要出发，着眼于降低对化石能源依赖和控制温室气体排放，提出了英国到 2020 年，二氧化碳排放量在 1990 年水平上减少 20%，到 2050 年减少 60%，以建立低碳经济社会的目标。白皮书要求通过提高资源的生产率，以更少的污染获取更多的经济产出，但是，英国并没有界定低碳经济的概念，也没有给出低碳经济的评价指标体系。此外，英国还出台了《英国气候变化战略框架》，提出了全球低碳经济的远景设想。

系统地讨论低碳经济应追溯至 1992 年的《联合国气候变化框架公约》和 1997 年的《京都协议书》，其发展历程如下：联合国大会于 1992 年 6 月 4 日通过了《联合国气候变化框架公约》。该《公约》规定发达国家为缔约方，应采取措施限制温室气体排放，同时要向发展中国家提供新的额外资金以支付发展中国家履行《公约》所需增加的费用，并采取一切可行的措施促进和方便有关技术转让的进行。旨在限制全球温室气体排放量的《京都议定书》于 1997 年 12 月在日本京都达成协议，2005 年 2 月 16 日开始正式生效。目前，已有 141 个国家批准了该项协议，这些国家温室气体排放量占世界总量的 55%。在 2012 年之前，他们还要将温室气体排放量减少 5.2%。2007 年 12 月 3 日，联合国气候变化大会在泰国巴厘岛举行，15 日正式通过一项决议，决定在 2009 年前就应对气候变化问题新的安排举行谈判，制订了世人关注的应对气候变化的“巴厘岛路线图”。该“路线图”为 2009 年前应对气候变化谈判的关键议题确立了明确议程，要求发达国家在 2020 年前将温室气体减排 25% 至 40%。“巴厘岛路线图”为全球进一步迈向低碳经济起到了积极的作用，具有里程碑的意义。联合国环境规划署确定 2008 年“世界环境日”（6 月 5 日）的主题为“转变传统观念，推行低碳经济”。2008 年 7 月，G8 峰会上八国表示将寻求与《联合国气候变化框架公约》的其他签约方一道共同达成到 2050 年把全球温室气体排放减少 50% 的长期目标。

目前，低碳经济尚未形成完整的理论体系。一般而言，对低碳的理解可以分为三种情形：第一种情形是温室气体排放的增长速度小于国内生产总值（GDP）的增长速度；第二种情形是零排放；第三种情形是绝对排放量的减少。实现以上三种情形低碳发展的前提条件是经济正增长（GDP 增长率大于零），对于发达国家来说，追求的目标应该是绝对的低碳经济；对于发展中国家而言，目标应该是相对的低碳经济。

（二）区域经济学理论

区域经济学是研究生产资源在一定空间（区域）优化配置和组合，以获得最大产出的学说。生产资源是有限的，有限的资源在区域内进行优化组合可以获得尽可能多的产出。本学科基于对区域内资源配置的重点、布局以及对配置方式的选择而形成，一方面对区域的自然资源和自然条件进行经济评价，对区域的经济、社会因素进行分析，更主要的是制定区域发展纲要提出科学的依据，并为区域经济建立起计量经济模型。本文应用了其中的区域协调与组织方面的原理。

（三）经济地理学理论

经济地理学是以人类经济活动的地域系统为中心内容的一门学科，它是人文地理学的一门重要分支学科。经济地理学主要研究包括生产、交换、消费的广义的经济活动。这种研究是在地区基础上或以一定的地区为单位而进行的，不仅研究经济活动的分布，而且联系到经济的空间结构。在联系有关因素时，把地理环境摆在重要地位，着重探讨经济活动和地理环境的关系。相关理论包括农业区位论、工业区位论、梯度转移理论、增长极理论、点轴开发理论、区域协调发展理论、区域空间管治理论等。本文应用了其中的区域协调发展理论等。

（四）发展经济学理论

发展经济学是20世纪60年代与新古典经济理论相同时期发展的经济理论，与新古典理论的主要不同，是针对发展中国家的经济问题进行诊断并提出政策建议。该理论的特点，一是在研究对象方面，不仅研究经济增长，而且注重相关的社会问题、生存环境问题等，即所谓发展问题。二是在研究方法上比较综合，往往采取定性分析为主，用一些简单的数学模型或图形进行解释，重点放在提出政策建议等方面。发展经济学理论提出了许多有意义的观点和建议。例如迈克尔·托达罗提出了发展的新经济观点：发展必须包括经济加速增长、缩小不平等状况和消灭绝对贫困，也包括社会结构、民众态度和国家制度重要变化的多方面过程。西蒙·史密斯·库兹涅茨提出了经济增长的定义：一个国家的经济增长，可以定位为给它的居民提供种类日益增多的经济产品的能力长期上升，这种不断增长的能力是建立在先进技术以及所需要的制度和思想意识之相应的调整举措上的。冈纳·米尔达尔则提出了著名的“回波效应”和“扩散效应”。

（五）环境库兹涅茨曲线（Environmental Kuznets Curve，EKC）

库兹涅茨曲线是20世纪50年代诺贝尔奖获得者、经济学家库兹涅茨用来分析人均收入水平与分配公平程度之间关系的一种学说，1993年，Panayotou借用1955年库兹涅茨界定的倒“U”型曲线，首次将这种环境质量与人均收入间的关系称为环境库兹涅茨曲线。研究表明，收入不均现象随着经济增长先升后降，呈现倒U型曲线关系。当一个国家经济发展水平较低的时候，环境污染的程度较轻；但是随着人均收入的增加，环境污染由低趋高，环境恶化程度随经济的增长而加剧；当经济发展达到一定水平后，到达某个临界点或称“拐点”以后，随着人均收入的进一步增加，环境污染又由高趋低，其环境污染的程度逐渐减缓，环境质量逐渐得到改善。这种现象被称为环境库兹涅茨曲线。EKC假说提出后，环境质量与收入间关系的理论探讨不断深入，丰富了对 EKC 的理论解释（Wagner，2008；Jaliletal.，2009；Nasiretal.，2011；Shahbazetal.，2012）。

（六）空间经济学

空间经济学是根据时间、层次、传统三维空间相互转化原理研究经济发展规律，预测经济发展趋向，进行经济空间布局，调整产业空间结构，取得经济规模效益，实现经济可持续发展的经济学，是结构经济学向发展经济学转化的中间环节。空间经济学与结构经济学使发展经济学成为科学。

空间经济学与我国传统的经济地理学存在很大的差异。在我国，经济地理学是大学地理学系人文地理专业下属的一个分支，经济学界也有研究经济地理的，区域经济和城市经济实际上成了其代名词。区域系统或城市系统的构成是十分复杂的，它包括人类社会本身以及与人类社会有关的各种基本要素、关系和行为。区域经济或城市经济必然与人口经济、资源经济、环境经济和社会学有较高的重叠，以致于区域经济学究竟是属于经济学科，还是属于地理学科，一直存在争议，有些人将其定义为介于经济学与地理学之间的边缘学科。尽管克鲁格曼的空间经济学的模型研究中也涉及区域和城市的概念，但那是空间与经济单位的融合。区域经济学和城市经济学将区域或城市看成是既定的，研究这些既定的现存的系统运行状态和可持续发展。而空间经济学研究的是厂商、产业和经济三位一体的活动和相互作用。经济区域和城市的形成是这些活动和相互作用的过程和结果，不是既定的假设存在，而是内生变量。

借助于空间经济理论，我们可以考虑中国区域收敛和非均衡发展问题。譬如在 20 世纪 80 年代至 90 年代初，中国已有珠三角这个制造业中心，其他地区是否还可以建成珠三角似的制造业中心？“中心—外围”理论告诉我们有时多中心和单中心的地理都是稳定的——如果过去已有制造业中心，自然它会得到维持；如果起初没有，则未必会形成中心。事实上亦是，长三角的制造业中心地位得以维持，而东北或中西部至今也没有形成新的制造业中心。当然，东北和中部地区一些省份也有很好的工业基础，强化这些基础也有望成为次级中心。在中国广袤的大地上，多中心地理应是一种稳定均衡结构。中国实施开发西部、振兴东北老工业基地等战略，有助于这种多中心地理稳定均衡的实现。

用空间经济学的思维方式，我们可以考虑在中国为什么是在这个地方而不是在那个地方形成了诸如广州或上海或北京的经济体；为什么上海周边还会有诸如杭州、南京之类的次级城市；在中国应有多少个类似于珠三角或长三角之类的城市层级体系；随着人口增长和变迁，经济如何从单中心地理演化成多中心地理；

中国如今的城市空间结构与改革开放前相比，与新中国建立前相比，是如何演变的；未来趋势可否预测，等等。空间经济学将会大大拓展我国城市经济学与区域经济学的研究领域、研究思路和研究方法。

不仅是经济学者和经济地理学者，史学家也可以在这方面大有作为。空间经济学的核心主线是集聚。为什么一个特定的行业集聚在一个特定的地方？这是历史偶然事件的影响、循环累积的自我实现机制和预期的作用。历史和偶然事件是产业区位的源头，而循环累积过程犹如滚雪球般的效果导致产业长时期地锁定在某个地方。城市的起源和成长也同理。城市本身就是生产要素的集聚地，是各种优质生产要素在空间上的集聚。我国史学界最近十年来对美国城市化的研究成果丰硕。美国是目前世界上城市化水平最高的国家之一，它在将近一百年的时间内完成了城市化进程，速度之快、程度之高，令世人瞩目。美国的经验对中国目前的城市化道路很有借鉴意义。在对美国城市化的研究过程中，一些学者注意到中美部分城市和区域虽然在城市化发展的水平和程度上存在一定的差距，但它们在城市化进程中存在某些相似之处，具有一定的可比性并有很强的现实意义。

二、相关研究进展

（一）碳排放的计算方法研究

碳排放的计算包括直接排放计算和间接排放计算。直接排放是目前各国排放责任和减排目标的依据，间接排放只能作为国家减排政策制定的决策依据。同时间接排放也涉及排放责任区分的问题，在以后部分会进行详细介绍，因此这里只列举直接排放的计算方法。

目前国际公认的碳排放计算方法是国际气候变化委员会（IPCC）编制的温室气体排放清单指南中使用的方法。IPCC 从 1995 年开始先后编制了四个版本的温室气体清单指南：

1995 年 IPCC 国家温室气体清单指南（1995 IPCC Guidelines for National Greenhouse Gas Inventories）；

1996 年 IPCC 国家温室气体清单指南修订版（Revised 1996 IPCC Guidelines for National Greenhouse Gas Inventories）；

2000 年 IPCC 国家温室气体清单优良作法指南和不确定性管理（2000 IPCC Good Practice Guidance and Uncertainty Management in National Greenhouse Gas Inventories）；

2006 年 IPCC 国家温室气体清单指南（2006 IPCC Guidelines for National Greenhouse Gas Inventories）；

清单指南将温室气体排放源分为能源、工业过程、溶剂及其他产品的使用、农业林业及其他土地利用、废弃物五大类型，并详细规定了各类型各种温室气体的计算公式和计算步骤。

《IPCC 指南 2006》与以前的版本相比，在内容和方法上都有所改进。首先内容更加全面。例如增加了碳捕捉与封存技术（CCS）中的逃逸排放估算；提供了交通运输部门生物质能源利用的排放估算；还考虑了煤炭自燃问题，但没有给出具体估算方法。其次是方法更趋合理。例如明确区分了参考方法和部门方法；阐明了钢铁电石等行业燃料中非能源利用的处理方法；重新定义了国际航运水运的排放估算范围。总之，《IPCC 指南 2006》在目前科学认知水平和数据可获得性基础上，进一步保证了碳排放估算的准确性（杨宏伟，2006）。为了支撑全球 GHG 的核算，IPCC 还建立了一个开放式的排放因子数据库（emission factor data base），它不仅给出了各参数的缺省值，还可以根据各国研究者的最新成果不断更新完善，为各国计算比较碳排放提供了强大的数据支持。

我国学者林而达（1998）第一次将 IPCC（1995）温室气体核算方法体系进行了全面系统的介绍（林而达，1998）。为了反映我国的能源排放系数及工业过程排放系数，国家发改委能源研究所也对我国燃料的含碳量、行业燃烧氧化率以及工艺生产过程排放系数进行了统计计算，并按照《联合国气候变化框架公约》对非附件 1 国家的要求，在 2004 年完成了《中华人民共和国气候变化初始国家信息通报》（2004），目前已经开始准备第二次信息通报。虽然我国在 GHG 核算方面做了大量的工作，但是并没有形成符合我国国情的 GHG 排放因子开放数据基础，大部分研究者均采用 IPCC 的缺省值。

表 2－1　　IPCC2006 指南内容

卷	章
I 指南概要和报告方法	1. 2006 指南简介 2. 数据需求与搜集 3. 不确定性管理 4. 方法选择和关键清单的确定 5. 时间序列的连续性 6. 质量保证/质量控制和审核 7. 直接排放和间接排放 8. 报告指南和表格

续表

卷	章
Ⅱ能源	1. 简介 2. 固定源燃烧 3. 移动源燃烧 4. 逃逸排放 5. 二氧化碳运输与储存 6. 参考方法
Ⅲ工业过程和产品使用	1. 简介 2. 采矿业排放 3. 化学业排放 4. 金属业排放 5. 燃料和溶剂使用中的非能源产物排放 6. 电力工业排放 7. 氟化物排放 8. 其他产品的制造和使用
Ⅳ农业，森林和其他土地利用	1. 简介 2. 土地利用清单的一般方法 3. 表达的一致性 4. 森林 5. 农田 6. 草地 7. 湿地 8. 居民点 9. 其他土地利用方式 10. 家畜和施肥排放 11. 土地管理中的一氧化二氮排放和石灰，尿素使用中的二氧化碳排放 12. 木材收获中的排放
Ⅴ废弃物	1. 简介 2. 废物的产生，消费和管理数据 3. 固体废物的处置 4. 固体废物的生物处理 5. 废物的封闭焚烧和露天焚烧 6. 污水的处理和排放

资料来源：IPCC，2006

针对数据的复杂度和工作量的大小，IPCC 给出两种计算能源燃烧排放二氧化碳的方法，即参考方法和详细技术法。参考方法，又称表观消费量法，以“表观消费量”为基础数据，采用自上而下的方式计算化石燃料燃烧释放的二氧化碳量；详细技术法，又称部门方法，分用能部门或用能设备的实际消费量，自下而上计算燃料燃烧排放的二氧化碳量，对数据的要求比较高，工作量很大；目前国际上一般使用参考方法。在IPCC2006指南第3卷第6章参考方法中显示了一种自上而下的利用国家能源供应数据计算二氧化碳排放的方法，具体包括5步：

第1步：估算表观能源消费原始量；

第2步：统一能源单位；

第3步：乘以碳含量系数计算碳总量；

第4步：计算作为原料和非能源利用①的碳量；

第5步：用氧化系数修正并转化为二氧化碳排放量。

以上计算方法为本研究提供了最基础的方法内容，是本研究的方法依据。

（二）碳排放格局及发展态势研究

在碳排放基础研究中，以IPCC的研究最为权威，自1990年开始，IPCC已经陆续出版了4次评估报告和1次补充报告，积极推进碳排放的核算和政府间的合作。其中最近一次是在其系列报告《2006年IPCC国家温室气体清单指南》中介绍了在能源，工业过程和产品使用，农业、林业和其他土地利用、废弃物等领域温室气体排放的估算方法。

美国橡树岭国家实验室是美国能源部所属最大的科学和能源研究实验室，成立于1943年，现由田纳西大学和Battelle纪念研究所共同管理。20世纪50、60年代，橡树岭国家实验室主要从事核能、物理及生命科学的相关研究；70年代成立了能源部，使其研究计划扩展到能源生产、传输和保存领域等。橡树岭会定期发布碳排放的基础数据和后期研究，是世界上公认的比较权威的研究部门。

郭义强等（2010a）分析了我国1995—2006年间一次能源消费导致的二氧化碳排放量变化情况，发现在1995—2006年间，我国一次能源消费导致的二氧化碳年总排放量呈现“先减少后增加”的发展态势，其拐点出现在2000年，而且2001年后各个省（自治区、直辖市）的二氧化碳年排放量较前期均有大幅度的增加，煤炭消费导致的二氧化碳排放量占全国二氧化碳年总排放量的79%—85%。

张雷（2010a）通过产业—能源关联和能源—碳排放关联两个评价模型解析了中国碳排放区域格局的变化。分析结果表明：第一，产业结构的演进不仅决定着地区经济发展的基本状态，而且同样决定着国家一次能源消费空间的基本格局；第二，地区产业结构多元化程度越是走向成熟，其一次能源消费的增速也就越是减缓；第三，缓慢的一次能源消费结构变化是难以实现地区碳排放增长有效

---

① 非能源利用方式表示燃料作为非能源用，如用作化工原料、工业或建筑材料用，碳最终进入产品，不排放或不立即排放的。

控制的关键。

赵敏等（2009）根据 IPCC 2006 年版碳排放计算指南计算了上海市 1994—2006 年化石能源消费碳排放量，结果表明：1994 年以来碳排放量逐年增加，碳排放强度不断下降，上海市化石能源消费碳排放量占全国的 3.5%，碳排放强度低于全国和全球水平，但比英国、德国、日本高。论文从能源利用效率、经济增长方式、能源结构以及经济结构等角度分析了碳排放强度下降的原因，其中能源结构调整引起的平均碳排放系数下降和第三产业比重上升是主要原因。

（三）碳排放重心时空转移研究

目前关于中国碳排放的区域分布研究相对较少。王群伟等（2010）利用含有非期望产出的 DEA 模型构建可用于测度二氧化碳排放绩效动态变化的 Malmquist 指数，研究结果表明四大区域的二氧化碳排放绩效中东部最高，东北和中部稍低，西部较为落后，但差异性有下降的趋势，二氧化碳排放绩效存在收敛性。李国志等（2010）将 30 个省份划分为低排放、中排放、高排放三个不同区域，并使用 STIRPAT 模型和面板数据方法，分析得出了不同区域人口、经济、技术对二氧化碳排放量的弹性系数是不一样的，其中经济快速增长是驱动各区域二氧化碳排放增加的最重要的因素。林伯强等（2011）采用空间计量模型分析了中国区域碳排放空间的特点，结果发现，中国区域碳排放存在较强的空间相关和空间收敛特征，在碳排放增量上，表现出京津沪——东部沿海地区——中部地区——西北地区——西南地区这样的“梯度”分布的状况。Sather 等（2011）采用了变异系数、基尼系数和泰尔指数研究了东、中、西三大区域二氧化碳排放的差异。许广月（2011）采用面板数据，分析了全国、东部、中部和西部影响碳排放强度的因素，研究结果表明，产出规模、第二产业比重、煤炭比重对于东中西部的碳排放强度都有着显著的影响，清洁生产技术在东部是有效率的，但在中部和西部是没有效率的。杨骞（2012）运用泰尔指数及其结构分解方法，将地域单元从传统的三区域拓展为三区域和八区域，并得出了在三区域划分标准下，碳排放总体差异主要源于区域内差异，而在八区域划分标准下，碳排放总体差异主要源于区域间差异。能源强度、能源结构、人均 GDP、产业结构是造成碳排放水平差异的重要因素。邹秀萍（2013）在测算各区域碳排放的基础上，指出全国碳排放的空间分布呈现出与经济分布地带相似的空间格局，即由东部向中部和西部逐步降低的趋势。公维凤（2012）建立了在全国及省际能耗强度和碳排放强度约束下省区经济增长优化模型，结果显示，现行全国及各省能耗强度约束对贵州、青海、宁夏和山西经济发展较为不利，对其他省区经济发展较有利。减慢经济增长速度和进一步降低全国能耗强度对节能减排的作用均比较明显。陈诗一（2010）对中国1995—2007年间的二氧化碳排放按6个产业部门、30个省市自治区和3种能源种类进行了三维驱动因素分解，发现居民生活消费对碳排放的影响较低，未来应该围绕生产部门影响碳排放的主要因素进行碳减排政策设计。

（四）碳排放空间相关与溢出研究

目前结合经济发展对二氧化碳排放进行研究主要集中在三个方面。一是基于环境库兹列茨曲线（EKC）检验碳排放与经济增长是否呈现先污染后改善的倒U型曲线的研究，许广月等（2010）对中国的碳排放是否存在环境库兹涅茨曲线做了相关的研究。研究结果表明：中国西部地区不存在人均碳排放环境库兹涅茨曲线，但东部地区和中部地区存在该曲线，同时还推导出了各个省区人均碳排放的拐点以及到达这个拐点所需要的时间。林伯强等（2009）对中国的二氧化碳库兹涅茨曲线做了对比研究和预测，研究发现：中国二氧化碳库兹涅茨曲线的理论拐点对应的人均收入是37170元，也就是在2020年左右；中国以煤炭为主和高能源需求将导致二氧化碳的排放呈不断增长的趋势。二是基于Divisia、突变级数法、STIRPAT等方法研究了二氧化碳排放量变化的影响因素，包括经济发展、人口增长等拉动因素和能源结构、能源效率等抑制因素。宋德勇（2009）采用“两阶段”LMDI方法，从四个方面分析了影响碳排放量的因素，并进一步分解了能源强度，得出结论：我国四个阶段呈现出的不同的经济增长方式是造成碳排放波动的主要原因。李国志等（2010）将中国划分为高中低三个类型的碳排放区域，然后分析了不同影响因素对三个区域的影响。三是以碳排放效率、碳排放强度等为主体，研究其分布状态及影响因素，从而进一步深层次地寻找低碳经济环境下如何更有效地减少碳排放，同时保证经济的持续稳定发展。李涛等（2011）采用三阶段模型求解产出水平和投入要素给定的情况下碳排放量最小的效率指标，进而分析区域效率差异的比较，认为我国的碳排放效率在不断地提高，但区域之间的差距比较大，产业结构对于碳排放效率的提高有非常重要的作用。王群伟等（2010）运用DEA模型测算了二氧化碳排放绩效的Malmquist指数，同时采用面板数据及收敛理论分析了造成区域差异的原因，得出结论：技术进步是导致二氧化碳排放绩效提高的主要因素，并且二氧化碳排放绩效还存在收敛性。

目前，国内学者也开始从空间计量的视角对区域碳排放问题进行研究。张雷等（2010）从一次能源消费的角度探讨了中国的碳排放总量增长与空间格局变化问题，并提出产业结构的变化决定区域经济发展和能源消费的基本状态，而多元化产业结构会减缓能源消费和碳排放总量。宋帮英等（2010）采用空间加权回归模型对我国30个省市区碳排放影响因素（经济发展水平、产业结构、人口和外商直接投资等）的空间差异性进行了分析。刘佳骏（2013）利用全国省级面板数据，结合重心模型对全国经济总量、碳排放与碳排放强度重心转移轨迹进行了研究，结果表明：中国碳排放量与碳排放强度重心逐渐向西南方向移动，而经济重心却呈现出向西北方向移动的轨迹。经济增长是导致碳排放增长的重要因素，能源效率可以有效抑制碳排放增长，并且能源效率的区域分布不均衡是导致碳排放重心与经济重心移动轨迹出现偏离的主要原因。

（五）碳排放影响因素研究

杨振（2010）利用改进的主成分回归分析技术考察了1990年以来中国人口和经济因素对化石能源消费碳排放的影响作用。研究发现：以人口总量、人口城市化和居民收入水平为代表的人口因素，和以经济规模、产业结构、能耗结构及碳排放强度为代表的经济因素，对碳排放均具有显著的正向影响。其中，经济规模和人口总量是化石能源消费碳排放的关键决定因子。

徐国泉等（2006a）建立了中国人均碳排放的因素分解模型，定量分析了1995—2004年间能源结构、能源效率和经济发展等因素的变化对中国人均碳排放的影响，结果显示经济发展对拉动中国人均碳排放的贡献率呈指数增长，而能源效率和能源结构对抑制中国人均碳排放的贡献率都呈倒“U”形。这说明能源效率对抑制中国碳排放的作用在减弱，以煤为主的能源结构未发生根本性变化，能源效率和能源结构的抑制作用难以抵销由经济发展拉动的中国碳排放量增长。

汪宏韬（2010）建立了上海化石能源消费碳排放的LMDI分解模型，从经济规模、产业结构、能源强度和产业碳排放系数四个影响因素着手，实证研究了1995－2005年间上海分三次产业的化石能源消费碳排放变化机理。研究表明：经济快速增长是上海碳排放增加的主导因素，能源强度下降是抑制碳排放增长的重要因素。产业结构、能源结构优化有利于控制碳排放，而重工业化、能源结构高碳化会增加碳排放。

聂锐等（2010）以江苏省为研究对象，研究了经济增长、产业结构变动、能源技术进步和能源消费结构等因素对能源消费的二氧化碳排放的影响，采用Laspeyres指数完全分解技术对江苏省6部门终端能源消费及其二氧化碳排放的变动情况进行分解。结果显示：经济增长的规模效应是能源消费及二氧化碳排放逐年增长的主要原因，产业结构变动的节能减排作用相对较小且具有呈阶段性变化的特征，技术进步与能源消费结构的优化调整对节能减排起到了主导作用。

王峰等（2010）运用对数平均Divisia指数分解法把1995—2007年间中国能

源消费的二氧化碳排放增长率分解为11种驱动因素的加权贡献，并对这一时期中的6个时间段和每种驱动因素进行了研究。结果表明：1995—2007年间，中国二氧化碳排放量的主要正向驱动因素为人均GDP、交通工具数量、人口总量、经济结构、家庭平均年收入，负向驱动因素为生产部门能源强度、交通工具平均运输线路长度、居民生活能源强度；人均GDP增长是二氧化碳排放量增长的最大驱动因素，中国的二氧化碳排放与经济发展和居民生活水平提高密切相关。

邵帅等（2010a）估算了1994—2008年上海市工业分行业能源终端消费的二氧化碳排放量，并基于改进的STIRPAT模型和广义矩估计方法分别对碳排放规模和强度的影响因素进行了实证分析。结果显示：黑色金属行业作为第一排放大户，其排放走势对工业部门整体排放趋势具有关键性的影响；碳排放规模和强度与劳均产出之间分别呈现出N型和倒N型曲线关系；煤炭消费比重对碳排放规模和强度均具有显著的促进作用，研发强度和能源效率对其均表现出显著的限制作用，而投资规模对碳排放规模和强度分别具有显著的促进和抑制作用；碳排放的变化具有明显的滞后效应，劳均产出和能源效率是对碳排放产生长期影响最强的两个因素。

董军等（2010）研究了影响工业部门能耗碳排放的具体因素，综合考虑能源排放强度、能源结构、能源强度和产出规模等四个要素，运用指标分解分析法中的对数平均权重分解法，建立了工业部门能耗碳排放分解模型，并对1995—2007年的工业部门能耗碳排放进行实证分析。结果表明：工业能源强度明显显现出对碳排放的负影响，工业经济产出效应明显分为正影响缓慢增长的1995—2001年和迅速增长的2001年—2007年两个阶段；工业总量增长引起能源消耗上升是导致碳排放总量迅速增长的直接原因，并且该效应已经抵消了能源强度效应对碳减排的贡献；提出了针对工业部门能源消耗的源头、过程和末端三个环节的低碳对策，特别强调了电力热力行业节能减排、调整发电能源结构对改善我国能源结构，从源头上减排的重要性。

（六）碳排放区域差异研究

影响碳排放区域差异的因素很多，包括产业结构、产业技术、能源结构、建筑节能、交通运输节能、居民消费习惯等（刘卫东，陆大道等，2010）。许多学者结合区域差异指数与因素分解模型，研究了区域碳排放差异的影响因素。

国际上有关碳排放区域差异的研究可能始于1996年的IPCC报告中有关不同经济条件国家对温室气体排放的不同贡献程度的研究（Bruceetal.，1996）。自此以后，许多学者开始将研究视角从国际收入差异研究转向了国际碳排放的差异上来（HeilandWodon，1997，2000）。许多研究都是利用一些衡量区域差异的指标，如基尼系数、卡克瓦尼指数、泰尔指数等，在区域碳排放历史数据的基础上进行区域差异衡量以及未来的区域差异趋势模拟。总的来看，从区域差异的衡量方法可以分为两种：

一是利用集中指数衡量碳排放区域差异，包括基尼系数（Gini Coefficient）、卡克瓦尼指数（Kakwani Index）等。Heil 和 Wodon（1997）运用分组分解方法对全球碳排放差异的基尼系数进行了研究，发现主要经济体碳排放的组间差距对碳排放区域差距的贡献远大于组内差距的贡献，并揭示了人均 GDP 的区域差异与碳排放的区域差异十分相关。而在 2000 年，Heil 和 Wodon（2000）运用模型模拟了未来直到 2100 年的区域碳排放差异情景，通过模拟发现，未来全球温室气体排放的区域差异将会减小，特别是主要经济体的组间差距将会是碳排放区域差异减少的主要原因。Padilla 和 Serrano（2006）利于卡克瓦尼指数，即结合 GDP 区域差异的基尼系数和区域碳排放差异的类基尼系数进行碳排放的区域差异分析，结果发现在 1971—1999 年研究时间段内，碳排放区域差异远大于区域经济发展水平的差异。Groot（2010）同样利用基尼系数和洛伦兹曲线模拟了不同国家减排措施实施的效果，研究结果显示在均等排放分配方案下，发达国家也应该减少更多的排放。Cantore 和 Padilla（2010）利用基尼系数和卡克瓦尼指数模拟了未来的碳减排情景，结果显示在大部分的减排情境下，全球碳排放的区域差异将会不断缩小，即全球碳排放的区域差异将比 GDP 更加平均分布。但是如果发展中国家承担过多的减排责任的话，碳排放的区域差异将会扩大。二是运用利用熵信息指数，包括泰尔指数（Theil Index）和阿特金森指数（Atkinson Index），来研究碳排放的区域差异。这种方法的好处是可以将全部样本的差异指数完全分解为不同组内样本差异的函数，这种划分可以按照区域类型也可以按照行业类型。Padilla 和 Serrano（2006）利用泰尔指数研究了全球碳排放的区域差异，发现发达国家和发展中国家整体之间的差异是全球碳排放差异的主要来源。Duro 和 Padilla（2006）结合 Theil 指数与 Kaya 公式，将区域碳排放差异的影响因素分解为能源结构、能源强度、人均收入，探讨了全球碳排放强度区域差异以及世界主要区域内部碳排放强度差异的影响因素。研究结果重申了发展中国家和发达国家整体区域间的排放差异。Hedenus 和 Azar（2005）利用阿特金森指数，计算比较了全球 20% 的最富有的人和 20% 最穷的人之间的资源消费，包括碳排放的差异，结果显示富人拥有着持续的高碳排放。总之，有关国际碳排放区域差异的研究表明，首先大多研究都认为越是富裕的国家其人均碳排放水平越高；其次，在 1960—2000 年这一时间段内，上述碳排放的区域差异基本有减弱趋势；再次，有些研究指出发展中国家，如中国、印度碳排放的增加对全球碳排放区域差异产生了很大的影响。因此也有很多学者对中国不同省份之间的区域差距进行了大量研究。

首先，在国际上有很多关于中国碳排放区域差异的研究（Auffhammer，Carson，2008；Feng，Hubacek，etal.，2009）。Auffhammer 和 Carson（2008）利用中国分省市区的能源消费数据，并运用人口环境库兹涅兹曲线，研究了中国碳排放的路径，发现在过去五年中国的碳排放增加迅速，而且碳排放存在一定的空间依赖。Feng 和 Hubacek 等（2009）利用 IPAT 模型对中国区域碳排放增长的驱动因素（2010）对我国 30 个省份二氧化碳排放量进行测算，将其分为低排放、中排放、高排放三个不同区域并进行比较。同时，基于 STIRPAT 模型和面板数据方法，文章分析了人口、经济和技术对不同区域二氧化碳排放的影响。结果表明，三个区域的二氧化碳排放存在明显差异，并且差异性不断扩大。不同区域人口、经济、技术对二氧化碳排放量的弹性系数是不一样的，经济快速增长是各区域二氧化碳排放增加最重要的驱动因素。二氧化碳排放与经济增长之间存在明显的倒 U 型环境库兹涅茨曲线，但是要达到曲线的拐点需要经历非常漫长的时间。总之，中国学者从区域经济发展水平、产业结构、能源效率、能源结构等角度探讨了中国区域碳排放差异的形成因素。研究表明，区域经济发展水平与碳排放总量呈一定的倒 U 型曲线关系，而产业结构、能源效率、能源结构是影响区域碳排放强度差异的主要因素。更有学者指出，产业结构演进状态不仅是决定国家碳排放整体趋势变化，而且也是影响中国碳排放区域格局的重要因素（张雷，2006）。

表 2-2　　碳排放空间差异的主要研究范畴

空间尺度	研究视角	空间特征	影响机制	减排政策
Ⅰ大区域	人文地理 能源资源 环境资源	东部最大、中部次之、西部最少；	经济发展、能源效率、先进技术	发展第三产业、推进现代能源国际化、加快非常规一次能源开发
Ⅱ大区域—省级	人文地理 区域经济 环境科学	工业与经济发达的东北、东部省份较大，中西部省份次之	人口、城市化、经济、技术	提高能效、减少能耗、发展低碳能源与低碳技术、推广低碳理念
Ⅲ省级	人文地理 环境科学 能源经济	计量经济，能源动力	高于全国均值的省份以工业影响为主、其他省份以交通和生活为主	发展可再生能源、清洁生产、创新制度
Ⅳ省级—城市	环境资源 城市规划	地均碳排放和地均建设用地碳排放为：苏南 > 苏中 > 苏北	能源消耗是碳排放的主体、建设用地是最主要的碳源	发展低碳产业、开发节能技术、倡导低碳生活、增加碳汇潜力
Ⅴ城市—街道	人文地理	城区高于郊县	经济、人口、产业结构、能源结构	加快第三产业、开发新技术、发展可再生能源

（七）碳排放的脱钩研究

OECD 认为：脱钩是在一定时期，环境压力的增长率小于它的经济驱动增长率，把脱钩分为绝对脱钩和相对脱钩，绝对脱钩就是指在经济增长的同时环境压力保持稳定甚至下降，相对脱钩则指环境压力以正的速度增长但其速度小于经济增长速度。Tapio（2005）利用“脱钩弹性”的概念，进一步将脱钩指标由原有的初级脱钩（经济增长与资源利用即能源与 GDP 的脱钩）、次级脱钩（自然资源与环境污染即二氧化碳与能源的脱钩）、和双重脱钩（同时达到初级脱钩和次级脱钩）进一步细分为连接、脱钩和负脱钩三种状态，再依据不同弹性值，进一步细分为弱脱钩、强脱钩、弱负脱钩、扩张负脱钩、扩张连接、衰退脱钩与衰退连接等八大类，使得脱钩指标进入新阶段，该指标的优点在于对环境压力指标与经济驱动力指标的各种可能组合给出了合理的定位。此后，多位学者对 Tapio 的研究进行了扩展应用。

彭佳雯（2011）通过构建经济与能源碳排放脱钩分析模型，探讨我国经济增长与能源碳排放的脱钩关系及程度，分析二者脱钩发展的时间和空间演变趋势。分析表明：经济增长与能源碳排放脱钩主要由经济与能源消费脱钩造成；我国总体碳减排技术水平较低，区域差异不明显，技术发展相对滞后，对经济与碳排放脱钩贡献有限。据此，未来脱钩发展措施重点方向为：在进一步推广节能技术、推动产业升级的基础上，着力加强发展碳减排技术，同时逐步改善能源结构。

李忠民等（2011）基于 Tapio 的脱钩指标对 1995—2007 年间我国中、东、西三大区碳排放与经济增长之间的脱钩关系进行测度并对脱钩指标进行因果链分解，结果显示：三大区域大部分时间内经济增长与碳排放之间出现弱脱钩状态，经济增长速度大于碳排放增长速度，工业能源利用效率的提高对碳排放增长速度的减缓起到了主要作用，表明节能减排工作初显成效；但近年来煤炭在总体能源结构中的主体地位进一步加强，碳排放与经济增长之间的脱钩关系呈恶化的趋势，对以后的节能减排工作形成挑战。

王卉彤等（2010）应用 1985—2008 年数据构建了北京市能源消费总量与地区生产总值、户籍人口、第三产业占比之间的关系式，通过对 2015 年和 2020 年北京经济总量、人口总量及第三产业占比的估计，预测了北京市 2015 年和 2020 年三种情景下的能源消费总量以及能源消费结构；在此基础上，应用基于能源消费量和能源消费结构的碳排放关系式，预测 2015 年和 2020 年北京市的碳排放总量和万元 GDP 碳排放量，提出北京市的减排对策建议。

王铮等（2010）根据 IPCC2006 年版碳排放计算指南计算了河南省 1995—

2006 年的化石能源消费碳排放量，预测了 2007—2050 年河南省平稳经济增长路径下的最优经济增长率和 2007—2050 年的河南省能源消费结构和产业结构，进一步计算了河南省 2007—2050 年在经济平稳增长路径下的能源消费与碳排放总量以及人均量。结果表明：1995 年以来，河南省的碳排放量逐年增加，碳排放强度先是逐年下降，到 2003 年发生转折，出现上升的趋势；同时，预测 2007—2050 年的能源结构显示，河南省煤炭资源在能源消费总量中所占的比重有较大幅度的下降，石油与其他清洁能源的比重不断上升；另外，河南省分别在 2036 年和 2034 年达到能源消费和碳排放总量高峰；人均能源消费量和碳排放量的高峰则出现在 2033 年和 2032 年。

朱永彬等（2009）对内生经济增长模型 Moon - Sonn 进行了改进，通过对能源消费结构和不同能源品种的碳排放系数的预测和估计，以及对分品种能源碳排放的汇总计算得到了中国未来能源消费所产生的总的碳排放走势。结果表明：在当前技术进步速率下，我国分别在 2043 年和 2040 年达到能源消费高峰和碳排放高峰。此外，对能源强度不同下降速率对能源消费高峰的影响进行模拟发现，当降速为 4.5% ~5% 时，能源高峰将出现在 2040 年前，此时的人均 GDP 为 10 万元左右，与 OECD 国家的高峰时收入一致；分 3 种情景模拟了可再生能源替代政策对碳排放高峰的影响，发现提高可再生能源的比重可以明显降低碳排放量，但对高峰年份到来的时间影响甚微。

（八）碳排放与经济增长关系研究

碳排放与经济增长关系的研究在国外已比较成熟，大量学者多是从能源消费与经济增长关系的研究开始的，其实证研究起步于 20 世纪 70 年代，KraftJand-KraftA（1978）使用美国 1947—1974 年的数据在能源消费与经济增长关系方面进行了开拓性的研究，表明：存在 GNP 到能源消费的单向因果关系，即经济增长将带动能源消费的增加。之后多位学者选取能源、碳排放、经济增长、产业结构等变量进行了研究。如 Hatzigeorgiou（2011a）使用希腊 1977—2007 的数据，基于多元向量误差修正模型研究了 GDP、能源强度和二氧化碳排放之间的关系，通过使用 Johansen 协整检验及因果关系检验方法，发现在变量 GDP、能源强度和二氧化碳排放中，存在多个单向和双向的因果关系。

牛叔文等（2010a）以亚太八国为对象，运用面板数据模型，分析 1971—2005 年间能耗、GDP 和二氧化碳排放的关系。结果表明：三者之间存在长期均衡关系。进一步由此建立面板回归模型，发现发达国家的碳排放基数和能源利用效率高，单位能耗和单位 GDP 排放的二氧化碳低，而发展中国家则相反，我国的能耗和碳排放指标优于其他发展中国家，但次于发达国家。

陈茜等（2010）采用探讨二者变量关系的协整分析检验方法，对不同发展阶段下6个典型发达国家的碳排放与经济增长之间的关系进行研究。结果表明：6个典型发达国家的经济增长和碳排放之间具有长期协整关系。

李明贤等（2010）选取1978—2006年中国碳排放总量和经济总量的时间序列数据，从碳排放与经济增长的相关关系出发，通过相关系数分析、回归分析及其检验和因果关系阐述，研究中国碳排放与经济增长的演替轨迹，并建立碳排放与经济增长的计量模型。研究结果表明：在目前状况下，中国经济增长是碳排放增长的推动原因，随着中国经济的增长，二氧化碳排放量也呈逐渐增多的趋势，但单位GDP碳排放逐渐降低，即碳排放增长率明显低于经济增长率。宋帮英等（2010）采用地理加权回归（GWR）技术分析了我国省域碳排放量与经济发展的关系，发现GWR模型比OLS模型具有明显优势，省域碳排放量与经济发展水平、产业结构、人口、外商直接投资和能源价格之前存在内生经济关系；影响碳排放量的各因素在省域空间上存在明显差异。

刘继森（2010）选取广东省1994—2008年经济数据，对广东省经济增长与碳排放之间的关系进行了回归分析，结果显示：两者之间并不符合典型的EKC特征，而是呈现显著的N型曲线特点，并且目前尚未达到N型曲线的第一个转折点，表明随着广东省经济的增长，广东省的碳污染会有恶化的趋势。

许广月等（2010a）在环境库兹涅茨曲线理论的基础上，选用1990—2007年中国省域面板数据，运用面板单位根和协整检验方法，研究了中国碳排放环境库兹涅茨曲线的存在性。研究结果表明：中国及其东部地区和中部地区存在人均碳排放环境库兹涅茨曲线，但是西部地区不存在该曲线。

刘华军等（2011）利用时间序列数据和省际面板数据，选取排放总量、人均排放量、排放强度作为二氧化碳排放指标对中国二氧化碳排放的环境库兹涅茨曲线进行了经验估计。1952—2007年的时间序列协整检验表明，排放总量、人均排放量与人均收入之间存在单调递增的关系，而单位GDP排放量与人均收入之间支持倒U型的环境库兹涅茨曲线，拐点位于1319元。1995—2007年省际面板数据协整检验表明，排放总量与人均收入呈单调递增关系，单位GDP排放量与人均收入之间呈单调递减关系。目前除北京、上海、天津外，其他各省的人均二氧化碳排放量仍位于上升阶段。

刘扬等（2009）基于IPAT方程对经济增长与碳排放间的关系进行了理论分析，发现碳排放随经济增长的变化，依次遵循碳排放强度、人均碳排放和碳排放总量三个倒U型曲线高峰规律并采用典型发达国家碳排放历史数据进行了验证。

（九）低碳经济发展路径及政策研究

目前，我国低碳经济研究主要集中在以下三个方面：一是具体产业的低碳发展途径研究，包括增强碳汇能力、调整产品结构、资源节约、替代高碳原料、提高能源利用率、提高行业标准、引导低碳消费等；二是低碳经济背景下的能源发展策略，包括优化能源结构、促进资源整合、发展清洁能源、提高能源利用技术、加大能源利用效率、调整绿色能源定价等；三是低碳经济政策研究，涉及的方面包括法律规范、税收优惠、金融投资、财政补贴、技术创新、贸易约束等。

中国科学院可持续发展战略研究组（2009）对我国的低碳道路进行了探索，提出发展战略路径和具体节能减排措施。其中刘卫东、张雷、王礼茂、赵建安等（刘卫东等，2010）对我国低碳经济发展框架进行了初步研究，发现：碳排放强度与产业结构演化之间存在倒 U 字形曲线关系，发展模式转变和产业结构调整取得实质性成效是实现 2020 年减排目标的前提。此外，工业技术节能、建筑节能和道路交通节能也都有一定的潜力。在不同情景下，工业技术节能对实现 2020 年减排目标的贡献程度在 12% ~14% 之间，建筑节能和增加非化石能源规模分别可以起到 10% 左右的贡献，道路交通节能的贡献率在 2% ~3% 之间。

景跃军等（2010）研究了东北地区一次能源消费的碳排放及低碳经济发展路径，结论如下：东北地区作为我国的老工业基地，在相当长的一段时间内仍将靠能源的消费来拉动经济增长，碳排放量不断增加；受能源排放强度、能源消费结构和能源利用效率的影响，东北地区碳减排成本较高，碳减排面临一定的困难；长远来看，发展低碳经济、改善能源结构、降低能源强度、提高能源利用效率和清洁能源利用比例、进行能源技术创新和政策创新，将是东北地区经济发展的必由之路。

三、研究进展评述

碳排放是一个较新的研究领域，总体来说，各个国家的研究均处于探索和发展阶段，研究方法多是借用其他学科的方法，研究深度不够，还未形成成熟的研究体系。已有研究内容主要包括以下几个方面：

（1）碳排放发展格局及态势研究：通过测算碳排放基本指标及相关的系列指标，描述其基本格局、变化轨迹，总结规律。

（2）碳排放影响因素研究：选取指标通过各类指数计算及经济学模型进行，在国外应用比较广泛，国内研究较为粗浅。

（3）碳排放预测研究：包括碳排放量预测、减排潜力预测等，研究方法一般是建立相关影响因素的模型，根据影响因素的变化设定不同的情景进行预测研究，目前国内的研究还不普遍。

（4）碳排放与经济增长关系研究：这是国内外研究最集中的方向之一，其中重要的内容就是对环境库兹涅茨曲线——EKC 的研究，大部分学者运用经济学方法进行建模分析，检验 EKC 是否存在及描述曲线的形状。

（5）碳排放类型分区研究：在国内尚未深入开展，目前还没有形成认可度比较高的减排类型分区方案。

（6）低碳经济发展路径及政策研究：目前国内主要针对全国或是某个具体省份而展开，属于初步研究阶段，提出的政策还只是泛泛而谈，是否具有可操作性需要考证。

纵观上述研究，存在以下几个方面的不足，也正是基于此，本文在这些方面予以了改进。

（1）构建完整的时空格局研究体系

国内对碳排放发展态势的研究比较零散，没有形成体系，本文构建了中国化石能源消费碳排放时空格局研究的完整体系，包括全国—区域—省域尺度的研究，而且每个尺度都选取碳排放的三个重要影响指标——碳排放总量、人均碳排放量和碳强度进行分析，完成了三个尺度碳排放基本指标的测算。

（2）灵活运用各种定量研究方法

本文借鉴这些方法对碳排放时空格局的演变机理进行定量刻画，目的是希望能够全方位多角度地揭示研究对象时空格局的演变规律。

（3）识别碳减排关键省份

碳排放是具有溢出效应的，属于资源环境溢出的一个类型（王铮等，2003a；2003b；2003c；2005），在碳减排推进过程中，我们希望制定的政策不仅对本地有积极影响，而且能够发挥溢出效应，助推相邻地区协同发展。这就需要找出碳减排的关键对象，此类研究目前还没有形成稳定可靠的方法。本文尝试进行探索性的研究，借用空间计量经济学方法的最新研究成果，以省域碳排放总量作为基础数据，对全国碳排放关键省份进行识别，通过计算全国各省的空间自相关指数，找出了处于不同位置的省份，首次提出了一个新的理论——碳排放“四点定位理论”，完成了探索性空间分析的部分内容，可为本领域的继续研究提供支持。

（4）多维创新研究视角

目前国内外对碳排放的研究多是基于客观视角，即对已形成结果的事物进行研究，但缺少思考——为什么会形成这样的结果以及如何规避这种结果。本文试图借鉴管理学和心理学的方法，研究由谁造成的结果，结果发生的原因，如何得到更好的结果等，通过利益相关者的研究识别碳减排的行为主体，通过对主体利益的平衡和调控，进而更好地推动碳减排工作。

（5）推动碳减排类型分区工作

基于国内研究的不足，本文尝试了多种指标的碳减排分区设计，以碳排放各重要影响指标如碳排放总量、碳强度等为依据，对不同尺度的研究对象进行类型分区，包括：以碳排放总量为指标的省域类型分区方案，以碳强度为指标的省域类型分区方案，以碳排放和碳强度为叠加指标的八大经济区碳减排类型分区方案。

（6）完善碳减排政策和对策研究体系

目前，在减排政策研究方面，多是基于全国和省域的研究，本文尝试完善碳减排的政策体系，重点研究了我国四大板块地区和重点省份的碳减排政策，而且基于区经济所处的减排类型分区，提出了针对不同经济区的减排战略与策略。

随着社会经济的迅速发展，能源消费和生态环境问题日益严重，特别是围绕碳排放的评价及其影响因素的研究已经成为学术界关注的焦点问题。根据《BP能源年鉴2011》统计，1980—2010年间，中国碳排放总量从15.0亿吨上升到83.3亿吨，位于全球第一。我国已将碳减排指标纳入“十二五”规划，预计到2020年将实现单位GDP二氧化碳排放降低17%的约束性目标。但是，我国各地区社会经济发展水平、资源环境特征差异巨大，同样的减排政策对不同地区影响效果却是不同的，即影响机制存在空间效应。然而，由于种种原因，长期以来，人们对我国碳排放的研究几乎全部集中在国家总量的排放方面，却忽视了我国各省区碳排放存在的显著空间差异。

根据地理学“空间差异”理论，对于一个国家碳排放的研究不仅需要从总量变化方面评估，还需要从区域格局变化来把握。唯有如此，在制定国家碳减排目标和相关政策时才会具有更为明确的针对性和更为良好的可操作性。可见，科学定量评价碳排放总量及其空间特征、影响机制等问题是制定碳减排政策和发展低碳经济的基本要点。但是，当前国内对碳排放的空间差异研究还缺乏全面、规范、深入的考察，无论在系统化还是应用化方面都有待改善。一方面，对碳排放的空间差异研究集中于宏观尺度的国家—省区的分布差异分析，不同研究的重复度很高，而缺乏一个整体的理论框架并忽略了微观尺度。实际上，碳排放的空间差异不仅体现在省区层面，也体现在区域（城市群）、城市、城镇层面；同时，在评价碳排放的空间差异时，对碳排放总量的估算和原始数据的选择十分混乱，缺乏一个规范的评价模型和指标体系；此外，对碳排放的空间差异评价结果考虑不足——既侧重探讨经济增长和能源消费的影响作用，忽视了技术进步的作用，也缺乏针对性的碳排放指标分配研究。基于以上考虑，本文从碳排放的空间差异视角出发，系统梳理我国碳排放空间差异的研究范畴、总量估算方法、评价指标体系、评价模型、影响机制及其政策建议的研究进展，尝试全面深入地总结归纳现有研究的逻辑框架，并基于此框架指出未来有待进一步深化研究问的题，以期为我国构建温室气体减排框架、确定各地合理的减排责任、制定减排指标与碳交易市场管理提供理论依据，推动我国低碳转型。

第三章　相关概念辨析与研究方法

本章主要是对本研究的相关概念进行辨析，介绍本研究的相关研究方法与模型构建，为本研究奠定方法基础。由于本研究的重点在于利用空间模型揭示中国的碳排放的时空演进规律，所以本章重点介绍空间相关模型与空间动态模型两种方法。

一、概念辨析

（一）含碳能源与清洁能源

一般的能源分类是将能源分为一次能源和二次能源两大类。一次能源是指直接取自自然界没有经过加工转换的各种能量和资源。包括：原煤、原油、天然气、油页岩、核能、太阳能、水力、风力、波浪能、潮汐能、地热、生物质能和海洋温差能，等等。二次能源则是由一次能源经过加工转换以后得到的能源产品。例如：电力、蒸汽、煤气、汽油、柴油、重油、液化石油气、酒精、沼气、氢气和焦炭，等等。一次能源可以进一步分为再生能源和不可再生能源两大类。再生能源在自然界可以循环再生，包括太阳能、水力、风力、生物质能、波浪能、潮汐能、海洋温差能，等等；而不可再生能源在地球上的总量短时期内不会发生变化，随着其不断被消耗而逐渐减少，包括：煤、原油、天然气、油页岩、核能等。

从碳排放的角度，如果以能源消耗是否排放二氧化碳为标准可以将能源分为含碳能源和清洁能源。含碳能源是一种碳氢化合物或其衍生物，它是由古代生物的化石沉积演变而来，燃烧释放二氧化碳和其他气体，包括原煤、原油、天然气、油页岩、煤气、汽油、柴油、重油、液化石油气、酒精、沼气和焦炭等。清洁能源是不排放污染物的能源，包括电力、蒸汽、太阳能、水力、风力等“可再生能源”，核能一般也被视为清洁能源。

本研究主要运用投入产出方法，即模型已经包含各行业之间的投入产出关系，因此在计算分行业碳排放系数时，只考虑行业消耗的含碳能源，电力、热力等清洁能源不计算在内。

（二）能源消费总量与终端消费量

能源消费总量指一定时期内一个国家或区域各行业和居民生活消费的各种能源的核算能源消费总量指标。能源消费总量包括原煤、原油及其制品，天然气，电力热力，不包括低热值燃料、生物质能和太阳能等的利用。按照统计方法能源消费总量包括实物量和标准量。实物量是按能源品种分别统计能源消费总量，标准量是将各种实物量按照一定的转化系数转化为标准煤。用标准煤来衡量比较简单，计算方便。

一般来说，能源消费总量包括三部分，即终端能源消费量、能源加工转换损失量和能源损失量。终端能源消费量指一定时期内一个国家或地区各行业和居民生活消费的各种能源在扣除用于加工转换二次能源消费量和损失量以后的数量；能源加工转换损失量指一定时期内一个国家或地区各行业投入加工转换的各种能源数量之和与产出各种能源产品之和的差额，它是观察能源在加工转换过程中损失量变化的指标；能源损失量就是指一定时期内能源在输送、分配、储存过程中发生的损失和由客观原因造成的各种损失量，不包括各种气体能源放空、放散量。

能源消费总量和终端能源消费量中均包括电力热力等清洁能源，由于清洁能源不排放二氧化碳，因此必须将电力热力消费从各行业能源消费中扣除。但是这样以来，电力热力行业的能源消费则必须包括其加工转换过程中的损失量，且不能扣除其输出的二次能源。而电力热力行业的能源消费总量和终端能源消费量中均不包括其输出的二次能源电力热力。为了能够真实反映各行业的直接碳排放，电力热力行业能源消费采用其投入的含碳能源总量。

（三）碳排放与碳减排

碳排放一般被定义为温室气体（GHG）排放的碳当量。碳排放的主要形式是二氧化碳气体排放，其他非二氧化碳排放比如水、甲烷、一氧化二氮等，可以按其对温室效应的贡献大小（GWP 值）换算成二氧化碳当量排放。二氧化碳是最重要的温室气体，引起气候变化的温室气体至少60%为二氧化碳（IPCC，1992）。能源消耗是最主要的碳排放源，因此目前温室气体排放控制的重点集中在能源系统碳排放的限制和削减上（高鹏飞，陈文颖，2002）。因此，本研究的主要对象是能源消费产生的二氧化碳排放（以下称碳排放），并对能源消费产生碳排放的限制和削减（以下称碳减排）提出以一些政策建议和意见。

（四）直接排放与完全排放

人类各种经济活动在从事生产或者提供服务的过程中，利用能源或进行其他非能源生产活动而产生并向大气中排放的二氧化碳量即为直接排放。非能源生产活动主要包括一些非金属和金属生产过程中使用碳酸钙等非能源矿物质而分解产生的二氧化碳，比如水泥、石灰以及钢铁等的生产。直接排放不包括利用电力等清洁能源而引起的其他部门二氧化碳排放，它反映的是各种经济活动最直观的二氧化碳排放。

完全排放是指某部门经济活动导致的直接排放量与间接排放量之和。间接排放是指根据各种经济活动的投入产出关系计算的某种经济活动的中间投入而引发的其他经济活动产出而产生的直接排放之和，或者某种最终消费活动引起的其他经济部门产出而产生的直接排放之和。完全排放反映了某个经济活动与其他经济活动之间的联系程度。研究完全排放可以区分碳排放的结构和根源，掌握区域经济系统中碳排放的流向和流量，有利于碳减排措施的制定。但是，要研究完全碳排放就必须首先研究清楚直接排放。

（五）碳排放系数

针对某种能源，其单位热值的含碳量称为潜在碳排放系数，其实际然烧过程中单位热值排放的碳量称为碳排放系数；针对某一个部门，碳排放系数则是指某行业碳排放总量与其总产出之间的比例。二氧化碳排放系数即为碳排放系数乘以二氧化碳和碳的分子量之比44/12即可。下文在没有特别说明的情况下，排放即指碳排放，排放系数是指碳排放系数。

根据直接排放和完全排放的定义，可以定义直接排放系数和完全排放系数。某经济部门的直接排放量除以其总产出即为其直接排放系数。而完全排放反映了碳排放总量与最终使用量之间的关系，根据直接排放系数和完全消耗系数可以求出完全排放系数。

二、研究方法

（一）碳排放计算方法

由于目前国内尚未有关各省碳排放的数据，因此本文首先依据国际通用的政府间气候变化专门委员会（IPCC）的方法对各省2002年至2010年的二氧化碳排放量进行估计。计算的公式为：

$$E_{(co_2)} = \sum_{j=1}^{n} [FC_j] \times [CAL_j] \times [CC_j] \times [CO_j] \times \left(\frac{44}{12}\right)$$

式中，j代表能源种类，FC为能源消耗总量，CAL为能源的热值，CC为碳含量，CO代表碳氧化率。

碳排放强度的定义是区域二氧化碳排放量与其GDP的比值。因此，二氧化碳排放强度的计算公式为：

$$\eta_i = \frac{E_{(CO_2)i}}{GDP_i}$$

式中，η_i为第i区域碳排放强度，$E(co_2)_i$为第i区域碳排放量，GDP_i为第i区域GDP。

计算中采用的各省市能源消费结构数据、一次能源消费总量数据、各种能源消耗总量来自历年《中国能源统计年鉴》、各省市统计年鉴。用于计算的各种能源热值系数来自2011年的《中国能源统计年鉴》。各种燃料消耗的碳含量、碳氧化率值来源于政府间气候变化专门委员会（IPCC）出版的国家温室气体库存指南（IPCC Guide lines for National Greenhouse Gas Inventories）能源部分第二卷第一章的表1-3和表1-4。根据我国国情，煤炭、石油、天然气的碳氧化率分别设定为0.80，0.90和0.90。经济数据来自《中国统计年鉴》。

（二）基于力矩原理的碳排放重心空间转移模型

重心概念源于物理学，是指物体各部分所受重力产生合力的作用点。在地理学中是指区域空间上存在某一点，在该点前后左右各个方向的力量对比保持相对平衡。当某种属性的重心随着时间变化出现移动时，移动方向就指示了空间现象的“高密度”部位，偏离的距离则指示了非均衡程度①。对此可采用欧氏距离公

① 相关力矩平衡推导过程请与作者联系，此处从略。

式来计算。

设各次区域中心 P（x_i，y_i）到重心 Q（$\bar{x}$，$\bar{y}$）的距离为R_i，根据欧氏距离公式可得：

$$R_i = \sqrt{(\bar{x} - x_i)^2 + (\bar{y} - y_i)^2}$$

当$R_i \Rightarrow 0$ 说明第 i 地区与全国碳排放或经济重心的空间距离越近，越处在与重心接近的地区。当$R_i = 0$ 则说明第 i 地区为全国的重心。

在研究过程中，对一个拥有若干个次一级行政区域的国家来说，计算某种属性的“重心”通常是借助各次级行政区的某种属性和地理坐标来表达。假设一个区域由 n 个次级区域（或称为质点）P 构成，第 i 个次区域的中心的坐标为（x_i y_i），m_i 为第 i 个次区域的某种属性的量值（或称为质量），求其重心，设重心在 Q 处，则该区域某种属性重心 Q 的地理坐标为：

$$\begin{cases} \bar{x} = \dfrac{\sum m_i \cdot x_i}{\sum m_i} \\ \bar{y} = \dfrac{\sum m_i \cdot y_i}{\sum m_i} \end{cases}$$

本文研究的碳排放重心指在区域内各碳排放源子矢量的合力点。由于各地域能源生产与消费、社会经济发展水平和速度迥异，故碳排放重心处于变化之中。本文假设全国各省级区域行政单元（包括省、直辖市、自治区）处在一同质的平面上，其碳排放总量、碳强度集中于省会城市。各省会城市都是平面上的一个质点，且具有不同的重量，全国各省碳排放重心位置即各质点重量合力的均衡点，在重心位置的前后左右各个方向上各省份产生的排放重量对比都能够维持均衡，而重心的变化移动意味着区域间碳排放的不同步变化，各区域的权重对比也发生了变化，从而较好地反映我国碳排放变化的区域差异。

（三）基于 Kaya 恒等式的碳排放重心转移的驱动因素模型

由于碳排放重心移动是各省区碳排放合力的结果，即各省区距离碳排放重心的距离不仅受本省排放的影响，还受到其他省份排放的影响。因此，在分析导致碳排放重心转移的驱动因素，本文并不选取以碳排放重心与省级行政区域中心距离作为被解释变量，而是选择碳排放量作为被解释变量。而解释变量则根据卡 Kaya 等式变形，分别选取经济增长、产业结构、能源消费结构和能源效率四个变量。

Kaya 恒等式为：

$$C = \frac{C}{E} \times \frac{E}{GDP} \times \frac{GDP}{P} \times P$$

其中，C 为碳排放量，E 为一次能源消费总量，GDP 为国内生产总值，P 为人口规模。上述 Kaya 恒等式可以变形为：

$$C = \frac{C}{E} \times \frac{E}{GDP} \times GDP = \sum_i \sum_j \frac{C_{ij}}{E_{ij}} \times \frac{E_{ij}}{E_i} \times \frac{E_i}{GDP_i} \times \frac{GDP_i}{GDP} \times GDP$$

其中 C 为碳排放量，E 为一次能源消费总量，GDP 为国内生产总值，C_{ij} 为第 i 产业消耗 j 种能源的碳排放，E_{ij} 为第 i 产业第 j 种能源的消费量，E_i 为第 i 产业能源消费总量，GDP_i 为第 i 产业的产值。

根据上式可将碳排放的影响因素分解为碳排放因子（$\frac{C_{ij}}{E_{ij}}$），能源结构（$\frac{E_{ij}}{E_i}$），能源效率（$\frac{E_i}{GDP_i}$）、产业结构（$\frac{GDP_i}{GDP}$）与经济增长（GDP）五个因素，其中碳排放因子可以视为常数。基于该等式，本文可以认为影响碳排放重心转移的因素可以分为经济增长、产业结构、能源消费结构和能源强度四个因素。本文的模型可以表述为：

$$lnC = a + \beta_1 lnGDP + \beta_2 lnI + \beta_3 lnES + \beta_4 lnEF + \varepsilon$$

其中为各省市碳排放量，表示产业结构，表示能源消费结构，表示能源强度。由于在中国，工业能耗占到了一次能源消费总量的 70% 以上，因此，本文选用工业在 GDP 中的比重作为产业结构的变量；能源消费结构变量选用煤炭在能源消费结构中的比重。

碳排放量数据根据 IPCC 计算方法而得；GDP、产业结构、能源消费结构数据来源于各省市历年统计年鉴和《新中国六十年统计资料汇编》，其中 GDP 按照 2000 年不变价格进行折算，能源强度根据一次能源消费总量与 GDP 计算而得；基于目前数据可获得程度，尚未将西藏、香港、澳门、台湾纳入研究范围。

（四）空间相关模型

空间自相关不仅仅是一种空间统计方法，该理论关系到 Tobler 的地理学第一定律，而地理学第一定律则是地理分析的基本定律之一。该定律指出：所有的地理事物都存在关系，但距离较近的事物比距离较远的事物更有关系。计量运动结束之后，空间自相关研究一度进入低谷状态，但仍然有许多学者潜心研究这种方法的理论基础和应用方向。近年来，理论和计量地理学在西方呈现复兴态势。

空间经济计量研究的空间效应包括空间依赖性（空间相关性）和空间差异性

（空间异质性）。空间依赖性是指研究对象属性值的相似性与其位置的相似性存在一致性。空间自相关是空间依赖型的重要形式，是指研究对象和其空间位置之间存在的相关性。空间自相关是检验某一要素属性是否显著地与其相邻空间点上的属性值相关联的重要指标，可以分为正相关和负相关两类。正相关表明某单元的属性值变化与其相邻空间单元具有相同变化趋势，负相关则相反。

空间依赖性是空间计量学模型识别的第一个来源，一方面，它意味着空间上的观测值缺乏独立性，另一方面，它意味着潜存于这种空间相关中的数据结构，即空间相关的强度及模式由绝对位置（格局）和相对位置（距离）共同决定。空间相关性揭示的空间效应可用以下两种模型来刻画：空间误差模型描述区域经济模型的误差项在空间上相关的情况，而空间滞后模型描述变量间的空间依赖性对区域经济行为显得非常关键而导致了空间相关的情况。第二个来源是空间异质性或空间差异性，是指地理空间上的区域缺乏均质性，存在发达地区和落后地区、中心（核心）和外围（边缘）地区等经济地理结构，从而导致经济社会发展如消费行为存在较大的空间差异性。本研究采用全局自相关系数与局部自相关系数对我国省区的碳排放相关性进行研究。计算和检验一个地区的碳排放在地理空间上是否表现出空间自相关（依赖）性、是否存在集群现象。

多数经典统计分析方法的基本出发点是样本相互独立假设，对于空间数据，它们之间并完全非独立，而是存在某种空间依赖性和关联性，因此无法直接用经典的统计分析方法揭示与地理位置相关的空间数据关系。空间统计学可以解决上述问题，它不是抛弃所有经典的统计分析技术，而是对这些技术加以修改以使它们能够适用于空间数据的统计分析（吕韬等，2010）。空间自相关（Spatial Autocorrelation）是分析同一个变量在不同空间位置上的相关性（姚国荣等，2010），空间自相关可分为全局空间自相关（Global Spatial Autocorrelation）和局部空间自相关（Local Spatial Autocorrelation），其计算结果可分为正空间自相关、负空间自相关和无空间自相关（曹志冬等，2008）。

1. 全局空间自相关模型

当事物的同一属性变量在空间上表现出一定的规律性而并非随机分布时，则认为它们存在空间自相关。全局空间自相关主要用于研究属性值在整个研究区域内的空间分布特征，它们使用的是一个总体的度量值。本研究采用 *Moran'sI* 指数，用来描述整个研究区域上所有的空间对象之间的平均关联程度、空间分布模式以及其显著性。以下介绍 *Moran'sI* 指数的基本原理。

如果 X_i 是位置（区域）i 的观测值，则该变量的全局 *Moran* 指数 I，用如下公式计算：

$$I=\frac{n\sum_{i=1}^{n}\sum_{j=1}^{n}w_{ij}(x_i-\bar{x})(x_j-\bar{x})}{\sum_{i=1}^{n}\sum_{j=1}^{n}w_{ij}\sum_{i=1}^{n}(x_i-\bar{x})^2}=\frac{n\sum_{i=1}^{n}\sum_{j=1}^{n}w_{ij}(x_i-\bar{x})(x_j-\bar{x})}{S^2\sum_{i=1}^{n}\sum_{j=1}^{n}w_{ij}}$$

式中：$S^2=\frac{1}{n}\sum_{i=1}^{n}(x_i-\bar{x})^2$；$\bar{x}=\frac{1}{n}\sum_{i=1}^{n}x_i$；

W_{ij}为空间邻接矩阵，当实体 i 与实体 j 拓扑相邻具有公共边时表示其值为 1，否则为 0。基于距离的空间权重矩阵，样本权重总值为 1。

Moran 指数 I 的取值一般在 [−1，1] 之间，小于 0 表示负相关，等于 0 表示不相关，大于 0 表示正相关。

（1）当 $I=0$ 时：值为 0 时，表示邻域间不存在空间自相关。邻域部分未对观察值产生影响。空间模式的观察值可以等同于任何其他的空间模式的观察值（假设样本的分布是独立的）。

（2）当 $I>0$ 时，邻域存在一定的相似性，存在正的空间自相关。不管值的高低，都证明存在空间聚集。

（3）当 $I<0$ 时，区域越远，存在越大的相似性，即存在负的自相关。

同时，对全局空间自相关分析的结果需进行 Z 值显著性检验，根据 Z 值大小，在设定显著性水平下做出接受或拒绝零假设的判断。

2. 局部空间自相关模型

对于空间样本的分析，全局空间自相关的分析只能说明区域整体的空间关系，但是局部地区或小范围内的情况具有不稳定性且复杂多变，全局空间自相关指数无法揭示，因此，常需要采用局部空间自相关的统计进一步揭示样本具体组成中存在的问题（余建辉等，2010）。

本研究将空间自相关分析发展到局部自相关范围，这样可以为每一个空间单元计算一个指标，用来衡量该单元与邻居的关系。局部统计适用于识别小的空间相关，验证假设以及确定一个距离，超过这个距离空间单元将不存在相关。局部自相关可以探测出高值聚集区称为热点，低值聚集区称为冷点。局部统计的解释应该根据全局空间自相关的数据，否则 I 类型可能会发生错误。即热点（冷点）一定要位于全局值很高（低）的区域。局域空间自相关（LISA – Local Indicatiors of Spatial Association）：从本质上看，局域空间自相关是将 *Moran'I* 分解到各个区域单元。

空间集聚分析用来研究空间联系的局部模式和定义不同样本区域的相似性（热点）和相异性（冷点）。将局部空间聚集定义为相邻位置的集合，这种局部空间自相关指标很有意义。局部空间关联指标（*LISA*）并不特指某一个统计量，对于任何统计，定义的 LISA 必须满足以下两个条件：

（1）能给出衡量每个空间单元自相关显著性程度的指标。

（2）所有空间单元的指标之和与全局空间自相关指标之间成比例。

对于某个空间单元 i，有：

$$I_i = \frac{x_i - \bar{x}}{\left[\sum_{j=1, j\neq i}^{n} \frac{x_j^2}{(n-1)}\right] - \bar{x}^2} = \sum_{j=1}^{n} w_{ij}(x_j - \bar{x}) = z_i \sum_{j=1}^{n} w_{ij} z_j$$

式中：z_i是 x_i的标准化变换，$z_i = \frac{x_i - \bar{x}}{\sigma}$，$W_{ij}$为按照行和归一化后的权重矩阵（每行的和为 1，非对称）。

当观察值 z_i，z_j背离平均数时，局部 *Moran'I* 可以解释为从局部和全局统计之间的关系得出的一个局部不稳定指标。具体来说，I_i的平均数等于全局 I 的一个比例。

LISA 的 Z 检验为：$z = \frac{I_i - E(I_i)}{\sqrt{VAR(G_i^*)}}$

（1）当 $I_i = O$ 时，值为 0 时，表示邻域间不存在空间自相关。

（2）当 $I_i > 0$ 时，存在正的空间自相关且 I 的绝对值越大表示空间分布的相关性越大，即空间上有聚集分布的现象。

（3）当 $I_i < 0$ 时，即存在负的自相关。

（五）空间动态模型

1. 空间动态方法

空间经济计量方法主要用于解决两类问题：在处理截面数据与面板数据回归模型中存在的空间相互作用（空间相关性）和空间依存性结构（空间异质性）。该方法是在普通的面板模型中加入地区间的相互关系的影响因素，通过设置空间权重矩阵 W 对传统回归模型进行修正。矩阵 W 用于反映地区间的空间差距。空间权重矩阵的设定方法主要包括地理权重、经济权重和网络权重等。由于研究对象之间“空间”因素表现形式的差别，可以将空间计量模型分成两类：空间自回归模型（Spatial Auto Regressive Model，简称“SAR”）与空间误差模型（Spatial Error Model，简称“SEM”）。空间自回归模型认为一个地区的所有经济变量，都可以通过空间传导机制影响其他地区，而空间误差模型则主要用于反映区域外溢受到随机冲击的影响，区域间的相互联系程度体现在误差项的关联性上。

空间自回归模型（SAR）主要考察某一区域的经济行为对周边区域的影响情况（溢出效应）。模型表达式为：

$$y = \rho W_n y + X + \xi$$

式中，被解释变量 y；X 是 $n \times k$ 解释变量矩阵；空间回归系数为 ρ；W_n是 n × n 阶空间权重矩，可根据实际情况而定，主要有地理权重与经济权重；$W_n y$ 为空间滞后的被解释变量；随机误差项为 ξ。

空间误差模型（SEM）中，区域间的相互关系主要体现在误差项 ξ 上，该模型适用于研究对象间的相互作用受到空间位置影响的情况，表达式如下：

$$\begin{cases} y = X\beta + \mu \\ \mu = \lambda W_n \mu + \xi \end{cases}$$

式中 μ 是服从正态分布的随机误差向量，λ 是 $n \times 1$ 的空间自相关系数矩阵，ξ 是随机误差项向量。λ 主要用于衡量各区域的空间相关作用，即相邻区域的被解释变量 y 对本区域 y 影响的方向和程度，参数矩阵 β 反映了解释变量 x 对被解释变量 y 的影响程度。

2. 碳排放空间溢出模型

本研究考虑空间效应与跨期动态性，构建检验碳排放将区域碳排放增量的动态效应分解为相邻（溢出）效应和增长效应，结合空间相关分析，构建区域碳排放份额变化的空间动态效应模型。

人均碳排放空间动态面板滞后模型：

$$\ln\left[\frac{E\,(CO_2)_{i,t}}{\sum E\,(CO_2)_{i,t}}\right] = \alpha + \beta_1 (I_{n,t[EP_{(CO_2)}]} \times W) \ln EP\,(CO_2)_{i,t-1} + \beta_2 \ln EP\,(CO_2)_{i,t} + X\delta + \mu_i + \omega_{it}$$

$$\omega_{i,t} \in N(0,\sigma^2), \xi_{i,t} \in N(0,\sigma^2)$$

碳排放强度空间动态面板滞后模型：

$$\ln\left[\frac{E\,(CO_2)_{i,t}}{\sum E\,(CO_2)_{i,t}}\right] = \alpha + \beta_1 (I_{n,t[\eta_{(CO_2)}]} \times W) \ln\eta\,(CO_2)_{i,t-1} + \beta_2 \ln\eta\,(CO_2)_{i,t} + X\delta + \mu_i + \omega_{it}$$

$$\omega_{i,t} \in N(0,\sigma^2), \xi_{i,t} \in N(0,\sigma^2)$$

$I_{n,t}$ 为第 t 年的对应变量局部空间自相关系数矩阵，W 为二进制矩阵是最基本的权重矩阵。如果两个空间单元有长度不为零的公共边界，就认为二者是相邻的，对应的二进制连接矩阵的元素赋值为 1；如果两个空间单元没有公共边界，就认为二者是不相邻的，对应的二进制连接矩阵的元素赋值为 0。这里对空间权重矩阵结合空间相关系数进行改进，弥补了原始单一空间相邻概念的不足①。

---

① 由于局部自相关系数探测高值聚集和低值聚集的能力并不相同，检测出高值聚集的正确率远大于检测出低值聚集的正确率，当研究范围内同时存在高值和低值聚集时，局部自相关系数会受聚集区域规模的影响，当高值聚集区域和低值聚集区域规模相当时，局部自相关往往为正数。局部自相关系数计算得到的较显著热点区域和较显著冷点区域反映的是同质区域的延伸。由于研究全国范围的碳排放，重点碳排放研究省区间的碳排放联系，故本研究选取所有研究单元的局部自相关系数（Z Score）为权重矩阵，Z 值大，说明该单元的邻居的观测值大；Z 值小，说明该单元的邻居的观测值小；Z 趋向于 0，说明该单元的邻居的观测值不存在聚集现象（随机分布），（$I_{n,t} \times W$）形成的这种权重矩阵形式同时体现了研究最小单元的空间和数量信息，较以往研究具有一定创新意义。

$\frac{E(CO_2)_{i,t}}{\sum E(CO_2)_{i,t}}$为第 i 省区第 t 年的碳排放量占全国份额，$EP(CO_2)_{i,t}$为第 i 省区第 t 年的人均碳排放，$\eta(CO_2)_{i,t}$为第 i 省区第 t 年的碳排放强度，ξ 为随机误差项。

β_{1i}表示第 i 地区与相邻地区间碳排放份额的竞合关系［$\beta_{1i}>0$ 表示某一地区的碳排放会受到邻近地区排放强度（或人均碳排放）的溢出效应影响，其份额会随着邻近地区排放强度（或人均碳排放）的增长而增长，$\beta_{1i}<0$ 表示某一地区受到邻近地区排放强度（或人均碳排放）的集聚效应的影响，份额随着邻近地区排放强度（或人均碳排放）的增长而下降，$\beta_{1i}=0$ 则表示无显著影响］，同时动态效应也反映出碳排放具有时间依赖性［$\beta_{1i}>0$ 表示某一地区的上期的碳排放强度（或人均碳排放）对本期的碳排放份额具有正的促进作用，$\beta_{1i}<0$ 表示某一地区的上期的碳排放强度（或人均碳排放）对本期的碳排放份额具有负的促进作用，$\beta_{1i}=0$则表示无显著影响］。

β_{2i}表示当全国碳排放量增长时，某一地区份额的变化情况［$\beta_{2i}>0$ 表示正的增长效应，即某一地区碳排放份额会随着该地区碳排放强度（或人均碳排放）量增长而上升，$\beta_{2i}<0$ 则表示负的增长效应，某一地区的排放份额会随着该地区碳排放强度（或人均碳排放）量增长而下降，$\beta_{2i}=0$ 则表示无显著影响］。

三、本研究概念与方法总结

以上可以看出，在已有的研究中，国内外学者均将研究对象所在的区域看作是相互独立的，即相邻区域之间没有任何联系的发生，区域间的信息和资源不存在任何的交换和溢出效应。但是在现实中，相邻区域之间不可避免地存在地理空间效应，特别是区域间资源和信息的流动和交换进一步加剧了区域碳排放的空间溢出和扩散效应，因此，邻近地区间的碳排放效率存在着较强的相似性，而距离较远区域的碳排放效率则存在较大的差异性。但是，随着空间效应的加强，区域间碳排放效率的差异性会有逐渐缩小的趋势，这就意味着区域碳排放效率有空间相关性的发生。Toblers 的地理第一定理也表明，区域间的任何事物都具有一定的联系性，事物之间的距离越近，其联系度会越大；反之，事物之间的联系度会越小。基于此，在进行碳排放效率研究时，有必要充分考虑区域之间存在的空间效应问题。

（一）碳排放重心转移与影响因素研究

以往关于碳排放区域分布的研究多是采用指标将全国 30 个省（市、自治区）

划分为若干个区域，进而比较分析，鲜有文献对省（市、自治区）排放的动态变化进行定量分析。为此，本研究将重心概念引入碳排放研究领域中。

重心本来是力学中的观念，后被应用到经济研究中，简而言之，重心是指在区域空间上存在某一点，在该点前后左右各个方向上的力量对比保持相对均衡。经济重心，它类似国民生产总值、物价指数，被作为宏观分析的经济指标之一，用于研究国家或区域发展的方向、平衡等问题，以及评估空间发展政策的效果。近年来，部分学者开始将重心模型运用到能源消费空间分布的研究中。任志远（2008）采用1978年以来近30年中国各地区的能源及经济数据，对中国能源生产、消费重心及GDP重心变化进行了测定，结果表明：能源生产重心在逐步向西南方向移动，整个移动轨迹近似呈直线变化。揭示了中国能源生产在东西和南北方向上的差距有所减小，且东西方向差距减小的速度要比南北方向快。而能源消费重心也在向西南方向移动但波动较大，其中1998—2002年重心位置相对稳定，年度位置变化很小，说明各省区能源消费增长速度基本相同。彭远新（2009）研究发现中国能源消费重心和经济重心位置都偏离几何中心，其中能源消费重心有向西、向南偏移趋势，而中国经济重心偏东偏北的运动趋势，二者呈相反方向运动的规律。宁亚东（2011）研究表明：中国能源生产重心、能源消费重心和二氧化碳排放重心均偏离几何重心，能源生产重心的西移特征明显，能源消费重心的南移特征明显，二氧化碳排放重心的西南移特征明显。

总体来看，目前国内关于碳排放重心移动的研究主要是根据重心坐标变化定性地说明移动方向，尚未有研究对导致碳排放重心空间移动的影响因素进行定量分析。因此，本文基于省级数据计算区域碳排放量，利用重心模型提取研究时间段内碳排放总量与强度重心与变动趋势，并结合经济重心转移趋势进行对比，定量分析全国碳排放区域动态变化过程，同时，构建基于Kaya恒等式的碳排放重心转移驱动因素模型，结合经济发展、能源利用效率、区域产业结构、布局等方面考虑，对影响碳排放强度与总量重心移动的驱动因素进行深入分析，进而得到我国未来节能减排政策的着力点与相关措施。

（二）碳排放空间相关与溢出研究

以往研究虽然对中国的碳排放问题的研究做出许多有益的贡献，但是都忽视了一个重要的问题：相邻区域社会经济发展与碳排放的关系，即在空间上不同区域发展与碳排放的内在关系。一个国家或区域的碳排放是与其社会经济发展的不同阶段密切相关的，具有很强的时空属性，区域内的产业结构、能源结构、技术水平、城市化水平和人口增长等因素，区域间的贸易结构、分工合作、经济和技术溢出等因素都会影响到碳排放的总量和分布。碳排放不仅可以通过调整区域内的产业结构、能源结构和技术研发等途径来实现结构性减排，也可以通过区域间的商品贸易、产业转移等途径来实现转移性减排。因此，考虑到中国各地区的区域发展和资源禀赋极不平衡，碳排放研究不仅体现在总量增长上，更多地应是体现在碳排放空间格局的动态演化上。

目前一些研究虽然从空间计量的视角对区域碳排放问题进行了探讨，但都是对区域社会经济发展状况与碳排放水平之间的关系进行研究，尤其是对我国现有区域发展发展模式下，未来区域碳排放的时空演化趋势缺乏系统性的分析。从目前国土空间开发格局来看，我国在一定条件下已经形成长期的区域社会经济东、中、西梯次发展的态势或格局，并且在不容区域内形成了相对的“热点”与“冷点”集聚区，存在着“极化效应”和“溢出效应”的相互作用，前者是指邻近的落后地区的优质生产要素向先进的中心区域聚集，后者则是指中心区域的生产技术、经验、投资等要素向邻近的落后地区扩散。本研究利用空间相关模型，深入分析我国的区域碳排放空间特征，并利用空间滞后模型揭示我国不同区域的碳排放溢出与集聚效应，为未来我国区域碳减排方案和相关政策制定提供科学依据。

第四章　中国省域碳排放空间格局

本章主要对目前我国排放总量呈现高增长态势，碳排放总量、人均碳排放与碳排放强度空间格局特征进行概括分析。从区域分布来看，东部地区碳排放经历了先下降后上升的过程，而西部地区碳排放过程则是保持上升趋势；从省区分布来看，各个省份的碳排放都有所增长，但排放量的差距逐渐增大，这与各地产业结构多元化程度、能源消费结构的变化有密切关系。

一、我国碳排放总量呈现高增长态势

从1953—2010年，中国化石能源消费碳排放总量及其年增长率的变化见图4－1，根据碳排放总量的变化，大致可划分为三个阶段如下：

（1）1953—1977年：起伏波动阶段

这一时期是从新中国成立初期至改革开放之前。1949年至1956年，我国处于新民主主义经济时期；1956年至1978年，我国处于社会主义计划经济时期。这段时期，我国实行计划经济体制，社会主义经济处于初步发展阶段，工业体系尚未完全建立，碳排放总量及年增长率均呈现剧烈波动。

（2）1978—2000年：平稳上升阶段

这一时期我国开始实行改革开放政策，社会主义市场经济体制逐步建立，经济规模开始扩大。与其他两个阶段相比，这一时期碳排放总量及年增长率变化较为平缓。

（3）2001年至今：快速增长阶段

这一时期是从21世纪之初至“十一五”规划末期，我国经济得到了前所未有的飞速发展，碳排放总量增加幅度远远高于其他阶段，其年增长率变化的轨迹为：从2001—2003年，年增长率上升；从2003—2008年，年增长率下降；从2008—2010年，年增长率又上升。

图4-1 1953—2010年中国化石能源消费碳排放总量及其年增长率

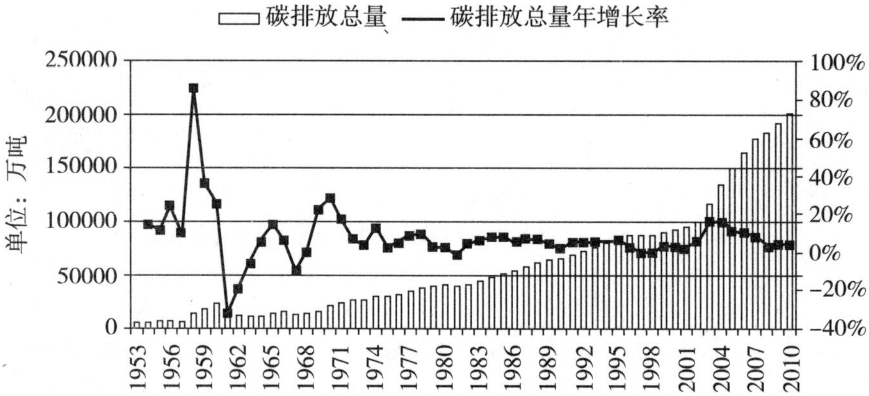

根据美国橡树岭实验室的数据，本文对2008年世界碳排放总量前10名国家进行比较（见图4-2），在前10名中，中国和美国的碳排放规模远远高于其他国家。中国碳排放总量约是第三名印度的4倍，是第四名俄罗斯的4.1倍，是第五名日本的5.8倍，是第六名德国的8.9倍，是第七名加拿大的12.9倍，是第八名伊朗的13.1倍，是第九名英国的13.4倍，是第十名韩国的13.8倍。

图4-2 2010年世界碳排放总量前10名国家碳排放规模比较图

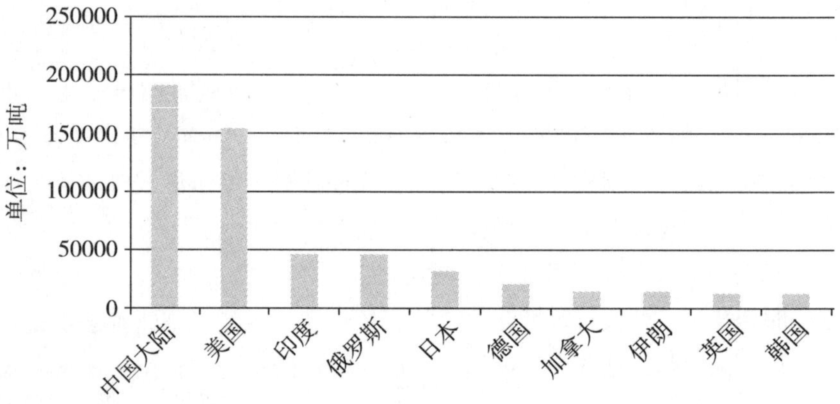

数据来源：http：//cdiac.ornl.gov

二、分品种化石能源消费碳排放总量格局基本以煤炭产生的碳排放量为主

本文主要考察煤炭、石油、天然气 3 种一次能源消费产生的碳排放量，分品种能源消费产生的碳排放量及其所占份额分别见图 4－3、图 4－4。1978 年之前，中国的能源消费绝对以煤炭为主，石油和天然气所占份额微乎其微。20 世纪 50 年代末 60 年代初，随着大庆、胜利等油气田陆续开采之后，石油、天然气成为部分工业和民用的重要能源，我国的能源消费结构发生了巨大变化。2002 年后，我国开始建设一批天然气产品替代石油产品的工业项目，天然气逐步普及各个领域。总之，在观察期内，我国分品种化石能源消费碳排放总量格局基本以煤炭产生的碳排放量为主，煤炭消费在我国处于绝对优势的地位将长期存在，石油、天然气消费产生的碳排放量在缓慢增加（陈俊武等，2011）。

图 4－3　1953—2010 年中国分品种化石能源消费碳排放量

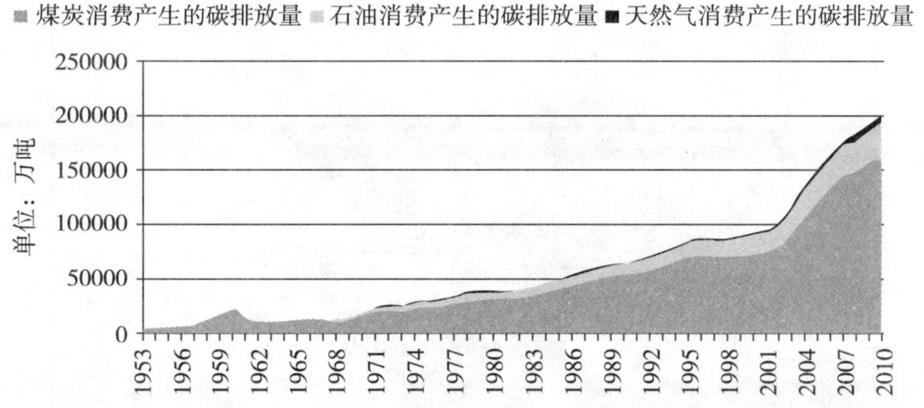

图 4－4　1953—2010 年中国分品种化石能源消费碳排放量所占份额

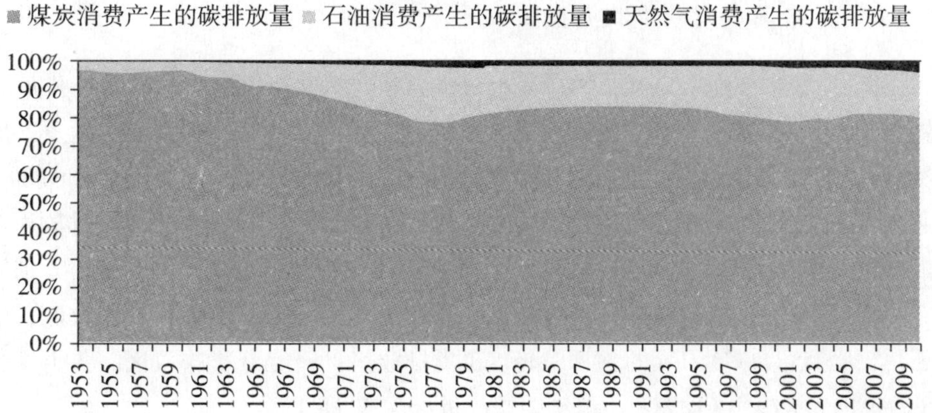

三、高碳排放总量省区从东向西逐步扩散，高碳排放累计量集中在环渤海地区

（一）累计碳排放时空特性

根据模型计算我国各省区碳排放量，结果显示（见图4－5），高碳排放总量省区从东向西逐步扩散。从研究时间段碳排放累计量来看，山东省累计排放量最大，其次为河北省和广东省，排放最少的省（直辖市、自治区）为海南省、青海省和宁夏回族自治区。我国碳排放累计总量高的区域主要集中在东部沿海尤其是环渤海地区，西部地区除四川盆地和内蒙古自治区，碳排放总量较低。

图4－5　2000—2010年我国各省区累计碳排放量

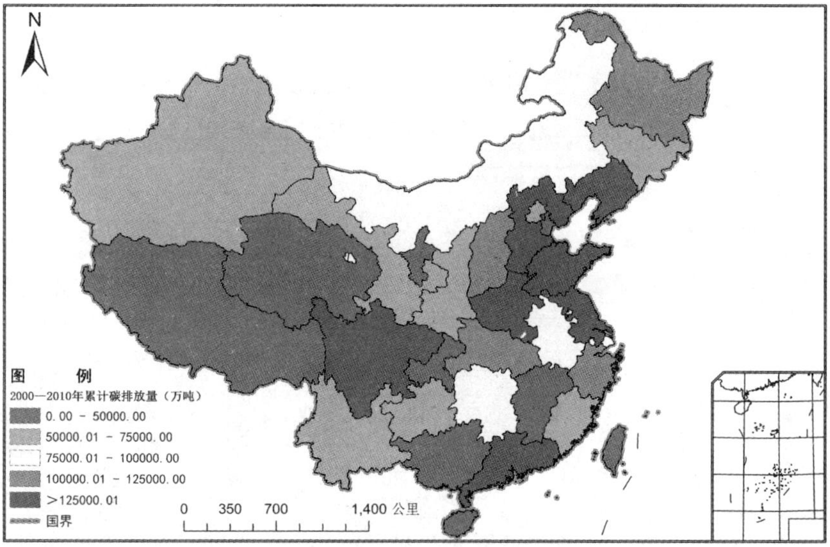

（二）中国各省碳排放类型区数量演变特征

参考张雷（2006；2010；2010）的分类方法，本文对中国大陆省域碳排放总量进行了初步分类，分为主类和亚类两个级别。主类共4个，分别为：超重度排放区、重度排放区、中度排放区和轻度排放区。亚类是在每个主类下细分的2个亚类，分别为I类排放区和II类排放区。其中在每个主类下，I类排放区排放规模都比II类排放区排放规模大。这样，主类和亚类组合共形成8类排放区，分别为超重度I类排放区、超重度II类排放区，重度I类排放区、重度II类排放区，中度I类排放区、中度II类排放区，轻度I类排放区、轻度II类排放区。各类排放区的碳排放规模用CE表示，即年碳排放量（见表4－1）。

表 4－1　　　　中国省级碳排放类型区分类规则表

主　类	亚　类	碳排放规模 CE 取值范围
超重度排放区	Ⅰ类排放区	（CE＞15000）
	Ⅱ类排放区	（10000＜CE15000）
重度排放区	Ⅰ类排放区	（6000＜CE10000）
	Ⅱ类排放区	（3000＜CE≤6000）
中度排放区	Ⅰ类排放区	（2000＜CE≤3000）
	Ⅱ类排放区	（1000＜CE≤2000）
轻度排放区	Ⅰ类排放区	（500＜CE≤1000）
	Ⅱ类排放区	（CE≤500）

中国各省碳排放总量按照省级碳排放类型区分类规则进行分区，将所有的省份所属类型区通过 ArcGIS 软件进行展现，可以看出各种类型区的演变规律（见图 4－6），总体趋势是：我国各省碳排放规模基本都在上升，减排形势严峻；其中超重度和重度排放区所含省份数量基本在增加，轻度排放区所含省份数量基本在减少，中度排放区所含省份数量有增有减。

图 4－6　主要年份我国各省区碳排放量

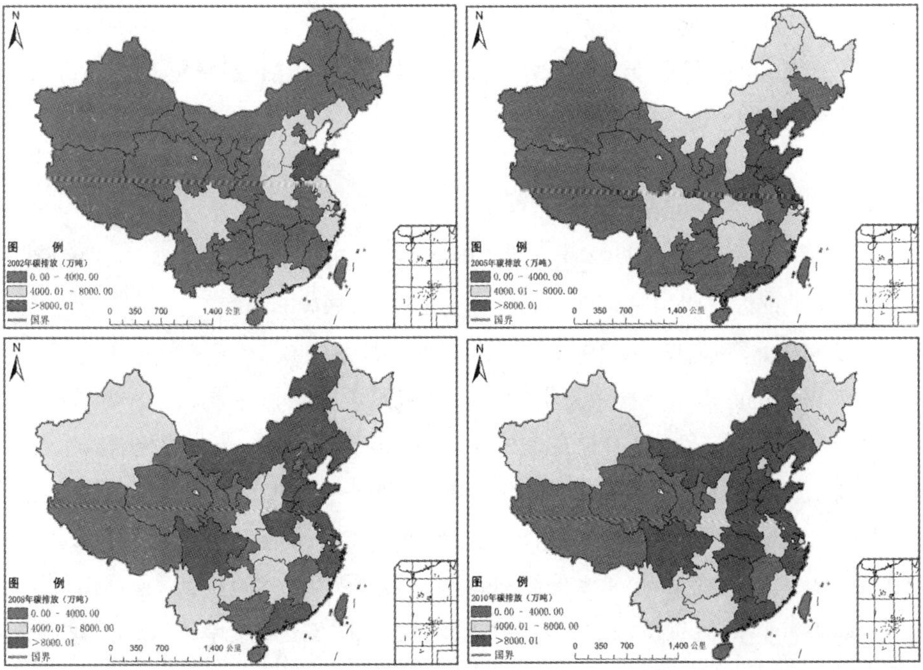

将不同年份中国各省归入所属的碳排放类型区后，各碳排放类型区所包含省份的数量及变化见表4－2。在1980—2000年中的主要年份，没有省份列入超重度排放区。从2005年开始，有几个省先后列入超重度排放区，包括河北、山东、河南、江苏、辽宁和山西，它们一直位于我国碳排放规模的前列，可视为我国需要重点减排的省份。1980—2009年主要年份各碳排放类型区所包含省份数量的趋势演变见图4－2，可以看出，除了轻度I类排放区包含省份数量变化相对平缓外，其他几个排放区所包含省份的数量变化波动都较明显。

表4－2　主要年份国各省所属碳排放类型区数量演变表（单位：个）

类型区＼年份	1980	1985	1990	1995	2000	2005	2006	2007	2008	2009	2010
超重度I类排放区	0	0	0	0	0	0	2	2	2	2	2
超重度II类排放区	0	0	0	0	0	3	3	4	4	4	4
重度I类排放区	0	0	0	4	4	6	4	3	3	3	4
重度II类排放区	2	5	8	6	9	10	12	12	13	13	14
中度I类排放区	4	2	6	7	6	6	4	5	5	6	4
中度II类排放区	10	11	9	9	8	3	3	2	1	0	0
轻度I类排放区	7	8	3	0	1	1	1	2	2	2	2
轻度II类排放区	5	2	3	3	2	1	1	0	0	0	0
合计（省份数量）	28	28	29	29	30	30	30	30	30	30	30

四、人均碳排放分布呈北高南低态势，碳排放密度呈由东部沿海向中西部地区递减趋势

人均碳排放的空间分布基本上是北高南低的态势（图4－7），内蒙古自治区、山西、辽宁和青海等资源型省份的人均排放较为突出。2008年后人均碳排放大于2吨的省份呈现以环渤海地区为中心，连片分布的态势。

可以发现如下规律：在1980年，人均碳排放量在0～0.5（单位：吨/人，下同）的低值省份占据了我国大部分地区，之后逐步变少，在2006—2009年，只有广西1个省份；属于0.5～1.5碳排放区间的省份，在1980年，只有天津、山东、山西、陕西，新疆和东北三省，到1985年和1990年，则覆盖了北方大部分地区，到1995年，几乎覆盖了中国2/3的国土面积，这样的情况一直持续到2000年；2005年后，开始出现3.5～4.5的高值省份，其中2005—2007年只包括山西1省，2008—2009年，高值省份增加了内蒙古。2010年北方出现集中连片的人均碳排放大于2吨的省区。

图 4－7　典型年份我国各省区人均碳排放量

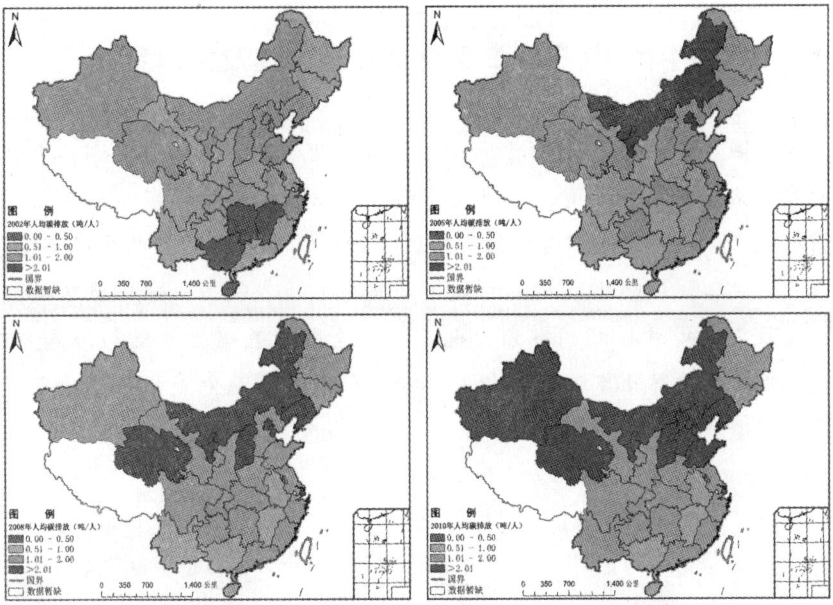

从空间分布来看，我国碳排放密度（地均碳排放，以单位国土面积的碳排放量来表征，图 4－8）总体上呈由东部沿海向中部和西部地区递减的趋势，高排放区域主要集中在东部沿海发达地区，总体形成辽宁—京—津河北—山东—江苏—浙江的高排放连绵带（以环渤海区和长三角为主）高排放区。通过对照我国城市空间分布格局，碳排放密度与经济发达地区具有很好的相关性。

图 4－8　2002—2010 年我国各省区累计地均碳排放

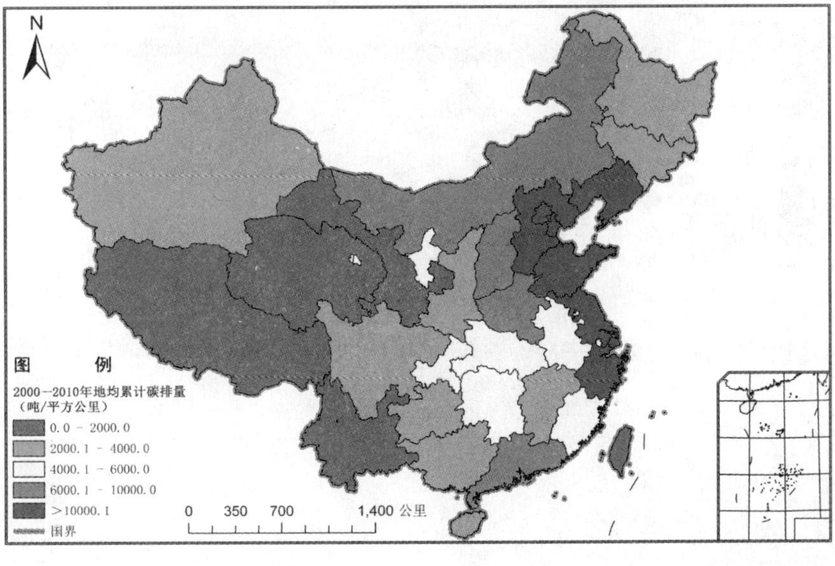

专栏 4－1：中国 10 千米二氧化碳排放网格及空间特征

从我国二氧化碳排放 10 千米空间格局上可以明显看出，我国二氧化碳排放空间格局非常不平衡，以胡焕庸线分为东西两部分，东部地区显著高于西部地区，而我国东部地区的人口规模和经济水平也明显高于西部地区。因而无论是二氧化碳排放控制的效果还是成本承担能力，东部地区必然是我国二氧化碳排放控制的重点，也是未来全国开展碳排放交易的先行者；而西部地区则要防止东部高碳行业和企业的转移，避免走向东部地区高碳发展的老路，在当前的基础上，积极进行低碳发展。

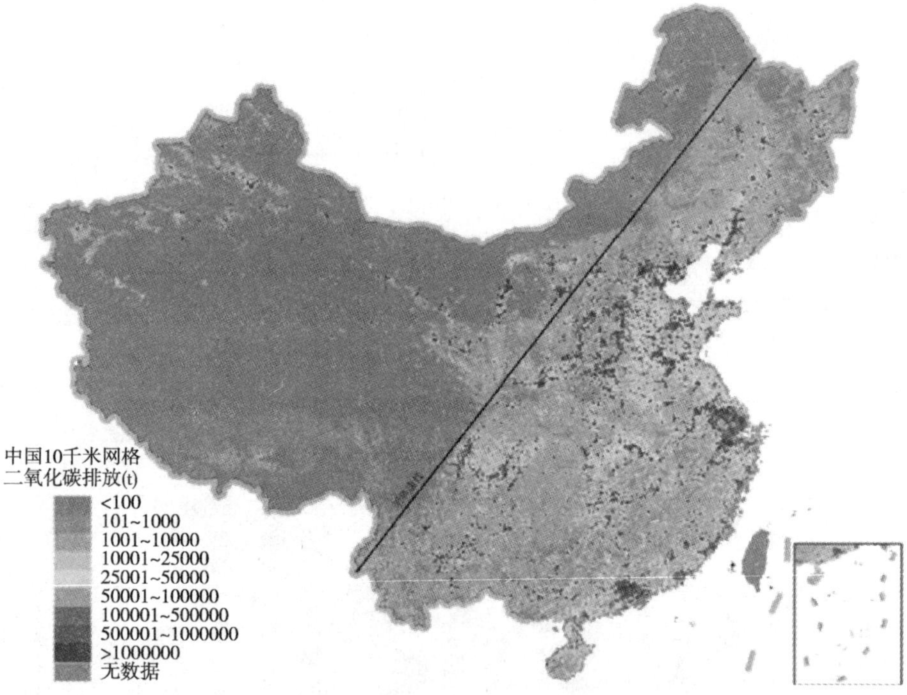

中国 2007 年二氧化碳排放（10 千米网格）

资料来源：王金南等：中国 10km 二氧化碳排放网格及空间特征分析，中国环境科学 2014，34（1）：1－6.

五、碳排放强度分布由西部内陆省份逐渐向东部沿海地区递减，与经济发展水平呈正相关

从碳排放强度来看（见图4－9），单位GDP碳排放量最高的省份为宁夏回族自治区，其次为青海省、贵州省；碳排放强度较低的省市为北京市、上海市、江苏、广东。与碳排放密度大致相反，碳排放强度的空间分布则是由西部内陆省份逐渐向东部沿海地区递减。西部省市的碳排放强度普遍高于东部省市，这与其经济发展水平密切相关。总的来说，碳排放密度与经济发展水平呈正相关，而碳排放强度与经济发展水平呈负相关；而人均碳排放的影响因素较为复杂，但是资源禀赋较高的地区人均排放量较高。

图4－9　典型年份我国各省区碳排放强度

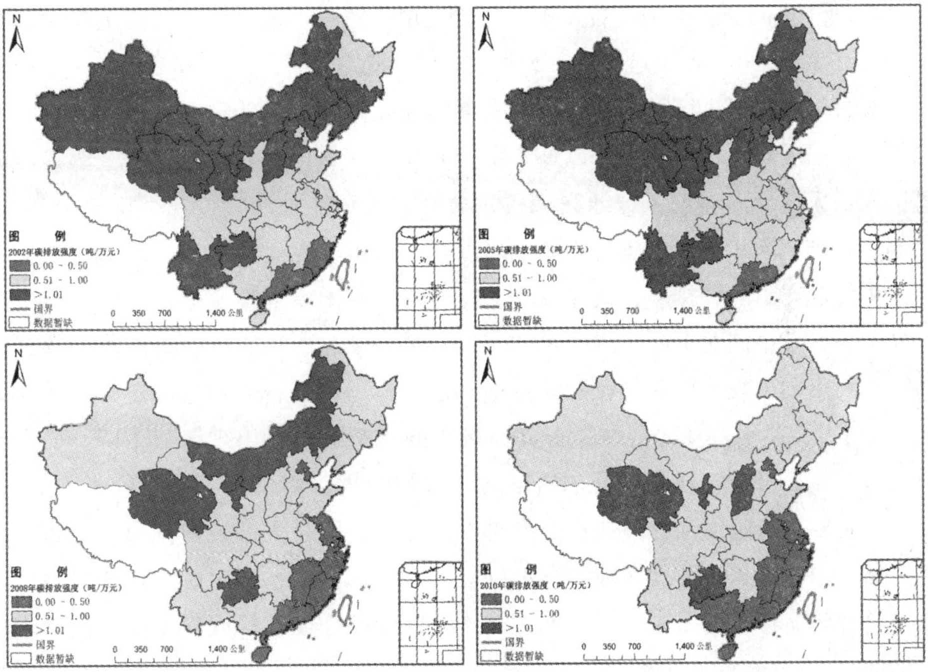

注：西藏自治区，香港、澳门特区，台湾地区数据暂缺

由上图可以看出，随着时间推移，西部地区高碳排放强度省区数量呈下降趋势，低碳排放强度省区逐步由南部沿海向北部沿海和相邻的中部省区扩展。2002年，高碳排放强度地区覆盖新疆维吾尔自治区、青海、陕西、宁夏回族自治区、山西、河北、辽宁、吉林、云南和贵州10个省份（区）；但到2010年，仅剩山

西、青海、宁夏回族自治区和贵州四个省份（区）。而低碳排放强度省份由2002年的广东和福建两个省份增加至2010年北京、天津、上海、江苏、浙江、福建、广东、广西、海南、江西、安徽11个省市。

首先，碳排放强度变化程度的区域差异很大，1997—2007年间碳排放强度下降较快的省份是京、津、沪及东北地区。其中北京十年间单位总产出碳排放下降45.32%，为下降最快省份。而包括黑龙江、吉林、辽宁在内的东北地区单位总产出碳排放下降仅次于京津沪地区，主要原因可能是国家振兴东北老工业基地战略的实施在一定程度上提高了东北地区能源利用技术。除此之外，湖北、安徽、陕西、甘肃等中西部省份碳排放强度下降也较为明显。与北京、上海碳排放强度大幅下降相对应，宁夏、云南、福建等省份的单位总产出碳排放量却迅速上升，其中宁夏回族自治区单位总产出碳排放增加了36.24%，为上升最快的省份。与此同时，新疆维吾尔自治区、海南等省份碳排放强度上升也较为明显。可见在1997—2007年间，我国不同省、市、自治区单位总产出的碳排放水平变化差异非常大。

其次，东中西大区域内部碳排放强度的变化也存在较大差异。除东北地区省份碳排放强度均出现较大下降以外，东中西各大区域内部省份的碳排放强度变化也存在很大差异。对于东部地区来讲，北京、天津、上海碳排放强度下降最快，江苏、广东、浙江下降也较为明显，而山东、海南、福建却出现上升趋势，其中福建单位总产出的碳排放强度增加了32.85%；对于中部地区来讲，湖北、安徽下降最快，其中湖北下降了30.48%，山西省下降也较为明显，湖南出现略微下降，而河南则出现略微上升；同样从西部地区看，陕西、甘肃下降最快，其中陕西下降了26.36%，青海、内蒙古自治区、四川等省份也出现明显下降，而宁夏回族自治区、云南、新疆维吾尔自治区、贵州等省份则出现了较大程度的上升，其中宁夏回族自治区为上升最快的省份。总之，我国各大区域内部也存在很大差距。这与前述碳排放强度区域差异不仅来自于大区域间，同时也来自于区域内部的结论一致。但总体来讲，东部地区整体的碳排放强度下降程度还是要高于中西部地区。

表4-3　　1997—2010年间各省市区碳排放强度下降程度

省份	下降百分比	省份	下降百分比	省份	下降百分比
北京	45.32%	江苏	20.64%	江西	-3.16%
黑龙江	44.70%	山西	19.75%	河南	-3.20%
天津	40.01%	广东	19.59%	山东	-5.19%

续表

省份	下降百分比	省份	下降百分比	省份	下降百分比
上海	39.85%	青海	16.66%	贵州	-9.25%
吉林	39.16%	内蒙古自治区	16.13%	新疆维吾尔自治区	-13.03%
辽宁	37.05%	浙江	12.42%	海南	-18.47%
湖北	30.48%	四川	8.90%	福建	-32.85%
安徽	30.47%	湖南	6.78%	云南	-35.84%
陕西	26.36%	河北	1.27%	宁夏回族自治区	-36.24%
甘肃	24.43%	广西	-2.78%		

第五章　中国碳排放重心空间转移与路径分析

中国各省碳排放转移总量均较大，其中碳排放转入总量大于碳排放转出总量，东部及中部较发达地区均具有正的净转移特征。本文利用 ARCgis10.0 软件对 2002 年至 2010 年碳排放重心进行计算，并输出分布图。结果分析如下：

一、碳排放空间转移特征

1. 从全国范围看，整体上碳排放强度都呈下降趋势，且西部高碳排放强度省份在减少，东南部沿海低碳排放强度省份呈扩散增多趋

由图 4－9 可以看出，随着时间推移，西部地区高碳排放强度省区数量呈下降趋势，低碳排放强度省区逐步由南部沿海向北部沿海和相邻的中部省区扩展。2002 年，高碳排放强度地区覆盖新疆维吾尔自治区、青海、陕西、宁夏回族自治区、山西、河北、辽宁、吉林、云南和贵州 10 个省份（区），但到 2010 年，仅剩山西、青海、宁夏维吾尔自治区和贵州四个省份（区）。而低碳排放强度省份由 2002 年的广东和福建两个省份增加至 2010 年北京、天津、上海、江苏、浙江、福建、广东、广西、海南、江西、安徽 11 个省市。

2. 碳排放总量重心与碳排放强度重心呈现出逐步向西南方向转移的趋势，而同时期我国经济重心在逐步向西北方向转移

如果将碳排放强度和碳排放总量重心标于坐标体系中（见图 5－1、图5－2），可以看出，2002—2010 年间，碳排放总量和碳排放强度的强度重心空间移动的距离都不大，其中碳排放总量的重心整体上向西南方向移动（从 2002 年 114°18′31. 186″E，34°26′45. 586″N 移动到 2010 年 113°58′1. 334″E，34°11′52. 205″N），碳排放强度的重心则先向西南再略向东南偏移（从 2002 年 110°35′10. 399″E，35°5′12. 73″N 移动到 2010 年 110°15′47. 037″E，34°50′32. 204″N）。导致这一现象产生的主要原因在于重心位置的移动是由 30 个质点共同决定，只有当其中一个或者同一区域内出现多个质点密度发生大的变动时，才会导致重心出现较大的位移。如果缩小观察的范围，可以发现碳排放和碳排放强度重心总体上都还是呈现出逐

图 5－1　2002—2010 年我国碳排放强度重心转移

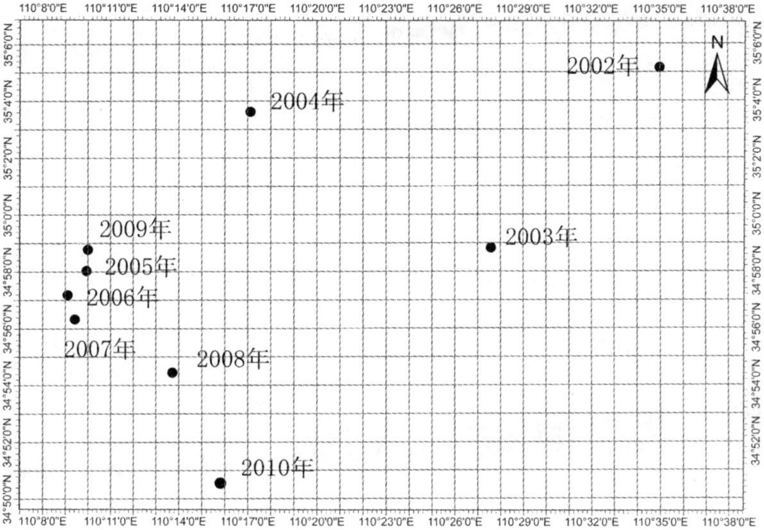

图 5－2　2002—2010 年我国碳排放重心转移

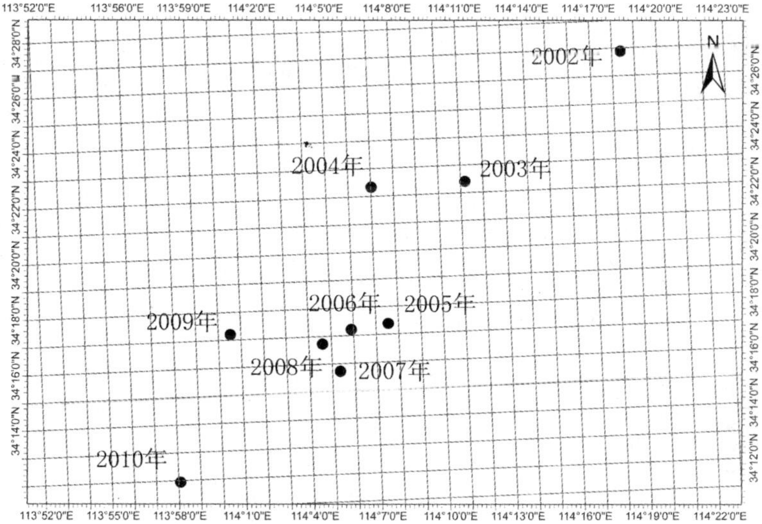

步向西南方向转移的趋势，其中，2002—2005 年与 2008—2010 年间，重心的转移趋势较大；2005—2008 年间碳排放强度重心的转移趋势较小，从整个时间序列看可以基本形成 2002—2005 年，2005—2008 年与 2008—2010 年三个时间段上的碳排放强度重心集聚。

为了反映出地域能源开发利用与经济发展程度差异变化轨迹，本文还计算并绘制出全国经济重心的运动轨迹，如图 5－3 所示。不同于碳排放重心的移动轨迹，2002—2010 年间全国经济重心逐步向西北方向转移，其中，2004—2005 年 2007—2008 年间，经济重心的转移趋势较大；2002—2004 年，2005—2007 年与 2008—2010 年间经济重心的转移趋势较小，三个时间段的转移呈 Z 字型。碳排放重心与经济重心呈不同方向运动，说明区域经济增长和碳排放量的增长并不完全同步，经济增长并不一定会导致碳排放总量同速度增长。

图 5－3　2002—2010 年我国 GDP 重心转移

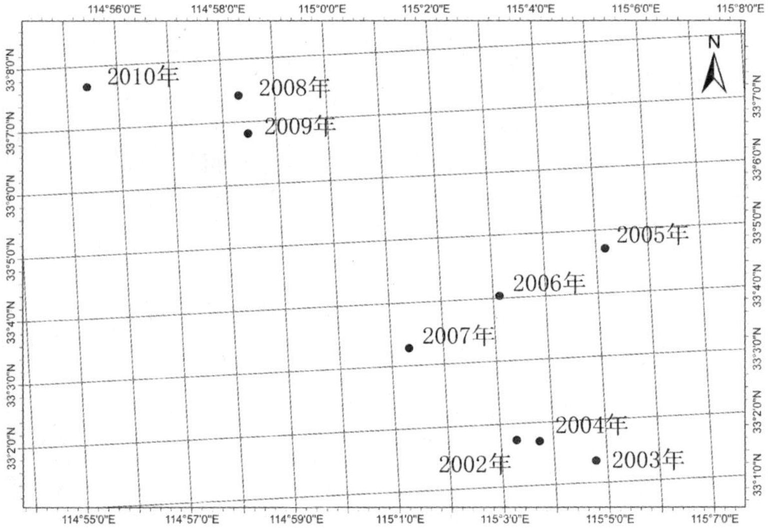

3. 不同类别重心纬度变动差异较小，经度变动明显，碳排放重心与经济重心基本位于同一空间，碳排放强度重心与其他两类别重心经度差异较大

从三类重心坐标数据方差分析来看，三重心在纬度坐标上偏移量不大，纬度变动均小于经度变动，表明我国南北方向上的经济发展与碳排放的变动并不明显。但经度变化较纬度变动趋势更为明显，表明我国的碳排放和经济发展在东西方向上存在较大的变动，这与我国的东、中、西部开发战略导致的产业梯度转移效果相吻合，说明结构调整会直接导致碳排放量变化。

从三个不同类别重心的转移空间范围来看，2002 年至 2010 年三重心在 33°1′

15.346″N～35°5′12.73″N，110°9′3.972″E～115°5′12.787″E 范围内移动。碳排放重心与经济重心的转移范围较小，主要集中在 114°0′E～115°5′E 与 33°1′N～34°26′N 范围内，一定程度上说明 30 个省区总体样本碳排放量变动与经济总量的变动存在显著相关性。但碳排放强度重心在 110°9′E～110°35′E 与 34°576″N～35°5′N 范围内，与其他两重心在经度上的空间偏移较大，说明影响碳排强度因素与影响碳排放总量的因素存在差异，一定程度上表明高碳排放量不一定会导致高碳排放强度，高速的经济发展同样不一定会导致高的碳排强度。

表 5－1　　三类重心指标分析

		碳排放重心	经济重心	碳排放强度重心
方差	经度	0.00871	0.002837	0.020799
	纬度	0.004864	0.001592	0.004798
经度	极小值	113°58′1.334″E	114°55′25.502″E	110°9′3.972″E
	极大值	114°18′31.186″E	115°5′12.787″E	110°35′10.399″E
纬度	极小值	34°11′52.205″N	33°1′15.346″N	34°50′32.204″N
	极大值	34°26′45.586″N	33°7′40.896″N	35°5′12.73″N

二、碳排放重心转移的驱动因素分析

采用面板数据分析方法首先需要判断是采用固定效应模型还是随机效应模型，常用的方法是用 *Hausman* 检验来识别。如果 *Hausman* 检验拒绝了原假设，就表示应建立固定效应模型；反之则应选择随机效应模型。利用 STATA 软件对 2002 年至 2010 年面板数据进行 *Hausman* 检验，结果显示 *P* 值为 0，拒绝原假设，选择固定效应模型。固定效应模型的估计结果如下所示：

表 5－2　　二氧化碳排放驱动因素分析

变量	系数	t 值	P 值
ln*GDP*	0.93	64.10	0.00
ln*ES*	0.09	2.37	0.02
ln*EF*	0.99	26.79	0.00
ln*I*	0.04	0.92	0.36
cons	－0.41	－2.33	0.02

根据模型估计结果显示：

1. 经济增长是导致二氧化碳排放增长的主要因素，能源效率则是抑制二氧化碳排放的主要因素

GDP 每增长 1 个百分点会导致二氧化碳排放增加 0.93 个百分点，而能源强度每提高 1 个百分点则会导致二氧化碳增加 0.99 个百分点，表明经济增长是导致二氧化碳排放增长的主要因素。而能源效率则是抑制碳排放的主要因素，并且单位能源效率变动产生的抑制作用略大于单位 GDP 增加的正向促进作用。这也验证了邹秀萍（2013）的观点：经济发展是碳排放量增长的最大贡献因素，而能源效率的提高对抑制碳排放的贡献最大。

同时，这一结论在一定程度上解释了前文中经济重心与碳排放重心偏离的现象。根据刘佳骏（2011）的研究，2000 年至 2005 年，中国西部地区和东北地区的能效水平显著提高，而中部地区和西南部地区（云贵高原、青藏高于形成的条形地带）的能效水平的增速始终偏低，中国各区域能效水平在地理分布不断向西北地区推进。因此，即使受西部大开放政策的推动，西部地区经济出现快速增长，但由于西北地区能效水平增速明显快于西南地区，从而导致经济重心虽转向西北地区，而碳排放重心却向西南地区转移。

2. 短时期内通过产业结构变动来降低二氧化碳排放量的作用十分有限

虽然产业结构的系数为正，但由于其并未通过显著性检验，说明 2002 年至 2010 年间，产业结构变动对二氧化碳排放的影响相对有限。这一结果与齐志新（2007）、刘佳骏（2011）的结论一致，即从总体上来说，短期内通过产业结构调整对区域能源效率提高的贡献并不明显，对碳排放量减少的影响也并不显著。

3. 由于我国能源结构尚未发生根本性变动，对二氧化碳排放的影响也尚未显现

分析表明，能源消费结构变动对二氧化碳排放的影响也相对较小。受资源禀赋、工业结构重工化发展以及可再生能源发展相对有限的影响下，2002 年至 2010 年间，中国以煤为主的能源消费结构并没有发生根本性的变动，煤炭在一次能源消费结构中的比重始终保持在 70% 左右，并且煤炭所占份额的增加多是源于石油份额的下降，因此由此带来二氧化碳排放增加也就相对有限。

如果将面板数据划分为六个区域的话，可以得到以下结果：

表 5－3　　不同区域碳排放驱动因素分析

变量	东北	华北	西北	西南	华南	华东
lngdp	0.94 (9.75)	0.99 (15.89)	0.92 (31.11)	0.92 (18.53)	0.92 (25.39)	0.95 (48.74)
lnes	0.23 (1.88)	0.38 (1.44)	－0.04 (－0.74)*	0.55 (2.52)	0.19 (2.42)	－0.01 (－0.18)*
lnef	1.25 (4.66)	0.93 (6.92)	1.11 (19.96)	0.82 (6.66)	0.92 (10.28)	1.13 (16.31)
lni	0.09 (0.45)*	－0.04 (－0.30)*	0.02 (0.24)*	0.20 (1.44)*	－0.01 (－0.09)*	0.10 (1.61)*
cons	－1.40 (－1.17)*	－1.90 (－1.58)*	0.01 (0.03)*	－2.78 (－2.79)	－0.5243 (－1.21)*	－0.38 (－1.25)*

*表示在10%的显著性水平下显著

综上所述，不同地区经济增长、能源消费结构、产业结构和能源效率对其二氧化碳排放的影响也不尽相同。其中经济增长是导致六个地区碳排放增加的主要原因。华北、华东地区经济增长对二氧化碳排放增加的贡献最大，其次为东北地区，西北、西南和华南地区碳排放受经济增长的影响相对较小一些，但弹性系数也达到了0.92。从能源效率上来看，2002年至2010年间，东北、西北和华东地区能源效率的提高对二氧化碳排放的抑制作用要大于华北、西南和华南地区，西南地区能源效率发挥的作用最小，单位GDP能耗下降1个百分点，仅能带来二氧化碳排放下降0.82个百分点；而在产业结构方面，六个地区产业结构变动对于二氧化碳排放的影响都没有通过显著性检验，这也说明在过去9年内通过产业结构调整的政策来实现二氧化碳减排目标的效果并不显著。但从六个区域产业结构的弹性系数的大小来看，西南地区由于仍然处于产业结构低级发展阶段，重工化的发展会推动能源消耗较快增长，因而其弹性系数要较高于其他地区。而华东地区基本上进入工业化发展的后期阶段，第三产业逐渐替代第二产业占据主导地位，因而其产业结构优化对于二氧化碳排放的影响也相对较大。

三、主要结论与政策建议

（一）主要结论

1. 经济增长是导致碳排放量增长的重要因素，但经济重心与碳排放重心偏离，说明经济增长不一定会导致地区碳排放量高速增长

分析和研究碳排放的区域分布的演变趋势以及驱动因素，对于国家有针对性地制定政策，保证节能减排指标的顺利完成有着重要的意义。本文首先采用重心模型计算了2002年至2010年全国碳排放总量和碳排放强度的重心分布情况，并利用面板数据模型分别分析了全国以及六大行政区域二氧化碳排放的影响因素，研究结果发现：

经济增长是导致碳排放量增长的重要因素，但碳排放量与碳排放强度重心相对经济重心转移过程中出现偏移，一定程度上反映出我国目前部分地区经济高速增长不一定会导致碳排放量的急剧增长。发达地区同时具有高经济增长率但没有出现碳排放的急剧增长，体现出能源效率与既有产业发展水平对碳排放的抑制效应。无论是碳排放总量还是碳排放强度，都出现重心向西南方向转移的迹象，但移动的空间距离较小，而且中、西部地区逐步成为高碳排放与高碳排放强度的集聚区，尤其是华南、西南地区的碳排放量增速明显。与此相反的是，经济重心却朝向西北移动，这与我国2000年后西部开发战略和产业逐步由东向西转移的政策驱动相关，但碳排放重心与经济重心的偏离，这在一定程度上说明目前在中国，部分经济快速增长的区域并没有带来碳排放总量高速增长，经济增长对不同地区碳排放量增长效应并不相同，就是在中西部地区的欠发达地区，经济增长虽然在促进区域碳排放量的增长，但这一促进作用在华南，西南地区的要强于西北地区。

2. 能源效率指标能够有效抑制碳排放增长，东部经济基础较好省区能源效率对碳排放的抑制作用明显，但在我国西南地区其作用并未显现

能源效率是抑制二氧化碳排放增长的主要因素。正是由于能源效率区域分布的不均衡，才导致碳排放重心与经济重心发生偏离。西南地区能源效率水平长期偏低，工业化发展速度较慢，能效水平的改善对于二氧化碳排放的影响相对较小；西北地区随着制造业的发展，能源消耗逐渐转向以电力为主，因而能效水平提高较快，因而对该地区二氧化碳排放的增加起到了较大的抑制作用。而在华北、华东地区，由于北京、天津、上海、广东等经济基础较好的省（直辖市）内产业主要以技术和资本密集型为主，产业结构日趋成熟合理，技术水平进步明显快于其他地区，因而在该区域内，能效水平的改善对二氧化碳排放的抑制作用也相对高于其他地区。

3. 由于碳锁定效应，产业结构对碳排放的影响没有显现，产业结构调整在短时期内尚难较大程度促进碳减排

短期内产业结构调整对于二氧化碳排放的影响相对有限。无论是全国还是六大区域，工业结构在GDP比重的增加对二氧化碳排放的影响都比较小。其中，西南地区由于处于产业结构的初级阶段，工业结构开始趋向重工化发展，能耗水平逐步提高，从而带动二氧化碳排放较快地增长。而华北、华南和华东地区由于产业结构逐渐趋向合理，工业内部结构也朝着高新技术发展，伴随技术进步而导致的能源效率提高，使其工业的发展甚至会导致二氧化碳排放的减少。

（二）政策建议

1. 推进技术节能是降低碳排放最直接、最有力的政策措施，是未来中、西部地区减排政策的重要着力点

不同于以往的研究提出通过产业结构调整来实现控制二氧化碳排放的政策建议，本文研究结果表明，由于电力、钢铁、建材等高耗能行业本身所具有的碳锁定效应，短时期内很难通过产业结构调整来实现减排。而且在不同区域，其经济发展阶段不同，产业结构优化升级所处的阶段、在产业梯度转移中所承担的角色也就不同，节能减排的潜力也会因此而不同。中、西部地区目前正处于重工业化快速发展阶段，这是工业化进程的必经之路，从而也就决定了未来该地区能源需求的刚性增长。在该地区，短期内，通过淘汰落后产能、优化工业内部结构可以对碳排放起到一定的抑制作用。但同时也要看到，除非该地区能源效率和能源消费结构有了很大的提高，否则，强制该地区实施节能减排目标有可能会对经济发展带来一定的威胁。

我国政府当前对策的发力点应集中在处于工业化初级阶段的中、西部地区，该部分地区人均碳排放和单位 GDP 碳排放的强度都很大，这是产业结构本身的固有规律。但是，正处在工业化快速发展的经济体，节能减排的潜力也很大。这些经济体逐步以新型工业化调整能源结构，加快技术改造，淘汰传统落后的生产工艺，是未来我国的节能减排工作的关键所在。

中、西部地区未来应继续大力推进的各项工程和技术节能措施，这是目前降低碳排放强度最直接的、最有力的政策措施。应加大投入，通过引进、消化和吸收国际先进技术，国际合作开发和自主创新等方式提高整个生产部门的能源利用技术水平。对于一些碳排放强度较高而暂时又不可或缺的基础性生产部门，如类采掘业部门及与之相关的矿物制品业，则更需要通过技术进步降低其碳排放。同时，通过提升清洁能源比重以优化能源结构对于降低碳排放强度而言也具有巨大的潜力。

2. 对于所有区域，提高能源效率可有效减少碳排放量，政府应继续加强对区域能效的有效监管，保证节能减排的各项政策法规切实施行

提高能源使用效率是减低二氧化碳排放最直接有效的措施。能源效率提高是近年来我国各区域碳排放减少的关键影响因素。东部地区产业结构依托技术和资本逐步升级，趋于合理化，大力发展以高新技术产业为代表的低能耗、低污染、技术密集型产业，优化工业结构，以高新技术和先进管理提高能源使用效率，对减少二氧化碳排放的作用明显。在东北、西北和华东地区，能源效率对二氧化碳排放的弹性系数超过了1。2002年至2010年，东北、西北地区能效水平的提高很大程度上得益于政府政策扶持，促进了区内制造业比重快速增加，能源消耗转向二次清洁能源电力。而华东地区则主要是受技术进步的影响，由于该地区知识、技术储备与创新能力都比较强，技术与资本密集型产业相对较为发达，技术研发水平也走在全国前列，因而该地区能效水平普遍比较高。未来，政府应加大技术研发力度，尤其是中、西部地区，使其依靠产业调整实现减排转向依靠技术进步提高能效，充分发挥该地区能效水平对于碳排放的抑制作用。同时政府应继续加强对区域的能效监管，保证节能减排的各项政策法规切实施行。

3. 从长远看，优化产业结构与提升产业发展水平仍是降低碳排放的根本措施

长远来看，大力发展第三产业和高新技术产业，限制高能耗产业，借助国家促进战略新兴产业机遇，提升产业结构水平是降低碳排放根本措施。我国的产业政策、投资政策、贸易政策等政策着力点应有利于优化产业结构并降低碳排放强度。应鼓励有较低的碳排放强度的高新技术服务业和生产性服务业发展。而对于一些碳密集型产业，则应限制其盲目扩张。

综上所述，未来我国应加快经济增长方式的转变，提高经济增长效率和能源利用效益，大力发展资源节约型产业。提高能源利用效率，减少单位GDP所消耗的能源，这是实现经济可持续发展和减少未来碳排放量的首要选择。中国以煤为主的能源结构短时期尚难改变，这一方面是中国的自然社会因素造成的，另一方面和中国的能源利用技术落后有关。因此，吸收国内外先进的能源利用和碳减排技术，改进中国的生产和消费方式以减少单位产出的能源消费和碳排放，在中国具有重要的现实意义。

当然，本文所进行的分析仍然只是初步的，尚未深入分析各种与经济发展方式转变相关的政策措施对中国碳排放强度的影响。未来研究应对此方面进一步深化。

专栏5－1：我国结构调整促进节能减排进展

推动传统产业改造升级。2014年以来，国家发展改革委、工业和信息化部等有关部门，印发了《重大环保技术装备与产品产业化工程实施方案》《关于部分产能严重过剩行业在建项目产能置换有关事项的通知》《2014年工业绿色发展专项行动实施方案》等以促进关键传统产业升级。2015 年 5 月，国务院公布《中国制造 2025》，提出要把中国建设成为引领世界制造业发展的制造强国，并提出 9 大任务、10 大重点领域和 5 项重大工程。2014 年全年淘汰落后火电机组 485.8 万千瓦，淘汰落后炼钢产能 3110 万吨、水泥（熟料及粉磨能力）8700 万吨、平板玻璃 3760 万重量箱，圆满完成政府工作报告确定的目标。2011 年至 2014 年，累计淘汰落后炼钢产能 7700 万吨、水泥（熟料及粉磨能力）6 亿吨、平板玻璃 1.5 亿重量箱，提前一年完成"十二五"淘汰落后产能任务。

加快推动战略性新兴产业发展。2015 年 4 月，国家发展改革委印发了《战略性新兴产业专项债券发行指引》的通知，加大企业债券对培育和发展战略性新兴产业的支持力度。2015 年 8 月，国务院批准筹备设立国家新兴产业创业投资引导基金，总规模为 400 亿元人民币，重点支持处于起步阶段的创新型企业。工业和信息化部先后印发了《关于进一步优化光伏企业兼并重组市场环境的意见》《2015 年原材料工业转型发展工作要点》，启动实施智能制造试点示范专项行动。

大力发展服务业。2014 年 8 月，国务院印发《关于加快发展生产性服务业促进产业结构调整升级的指导意见》，首次对生产性服务业发展做出全面部署，提出要加速软件和信息技术服务、工业设计、现代物流等生产型服务业发展。2015 年《政府工作报告》中首次提出"互联网 +"行动计划，切实推进信息化和工业化深度融合。截至 2014 年年底，全国信息消费规模达到 2.8 万亿元，增长 18%；电子商务交易额达到 12 万亿元，增长 20%；电信业、软件和信息技术服务业、互联网行业收入分别增长 4%，20% 和 50%。

服务贸易快速发展，2015 年 1 月至 8 月份，服务进出口总额（不含政府服务）达 4327.5 亿美元，同比增长 15.2%。经过各方努力，中国产业结构不断优化，截至 2014 年年底，三次产业结构优化为 9.2%∶42.6%∶48.2%，相比较 2013 年的 10%∶43.9%∶46.1% 有了明显改善，产业结构调整对碳强度下降目标完成的贡献度越来越大。

第六章　中国省域碳排放空间相关性分析

在对中国省域碳排放时空格局的演变机理进行分析时，运用空间自相关测算方法，在建立空间权重矩阵的基础上，对省域碳排放是否存在全局空间自相关和局部空间自相关等内容开展了深入研究。

对于我国各省域的碳排放总量呈现非均衡性及空间分布的异质性特征，区域间碳排放强度与人均碳排放应该符合承担公平的、共同的但有区别的责任原则和可持续发展的原则。鉴于碳排放强度与人均碳排放量收敛体现了人类生存和利用大气资源的平等权利，碳排放收敛性问题引起国内外学界和政策制定者的极大关注，上述学者们认为不同条件收敛趋势决定政府要采取不同的碳减排政策，也决定政府这个有形之手有必要采取各种碳经济政策，以保证碳排放收敛到其稳态。鉴于各省市经济发展水平、技术条件和能源结构差异影响，各省市可以实现的减排能力和实际需要也应存在差异。因此，在探讨存在异质性区域是否存在碳排放收敛及其减排策略的制定等方面，亟需将时空结合起来，系统展开我国区域碳排放空间格局演变和俱乐部收敛的实证研究，这将有助于制定科学、合理的区域减排政策。

一、碳排放强度空间相关性格局特征

根据2000—2010年中国碳排放强度的空间自相关分析可知（表6－1），各年*Moran's I*值均为正，且除2002年通过95%的Z值检验外，其余均在99%的可置信水平以上，检验结果显著，表明全国碳排放强度具有空间正相关关系；2002年以来，碳排放强度水平相似的省区在空间上呈现集中分布，集聚态势明显，且“十五规划”之后，*Moran's I*值变化不大，空间“集中”的趋势较为稳定。

表 6 - 1　中国 2000—2010 年能源碳排放强度全局自相关 *Moran's I*

	2000	2001	2002	2003	2004	2005	2006	2007	2008	2009	2010
Moran's I	0. 2319	0. 2011	0. 1719	0. 1802	0. 2036	0. 2371	0. 2398	0. 2434	0. 2488	0. 2451	0. 2454
$Z_{(I)}$ *	2. 56	2. 76	2. 46	2. 62	2. 58	2. 93	2. 68	2. 59	2. 71	2. 83	2. 68

* $Z_{(I)}$ >1. 96 表明在 5% 的显著性水平，$Z_{(I)}$ >2. 58 表明在 1% 的显著性水平

在此基础上进一步研究碳排放强度在局部区域的集聚分散趋势，识别碳排放强度的“冷点”和“热点”区域。

图 6 - 1　中国主要年份（2002、2005、2008、2010 年）碳排放强度 *Moran* 散点图

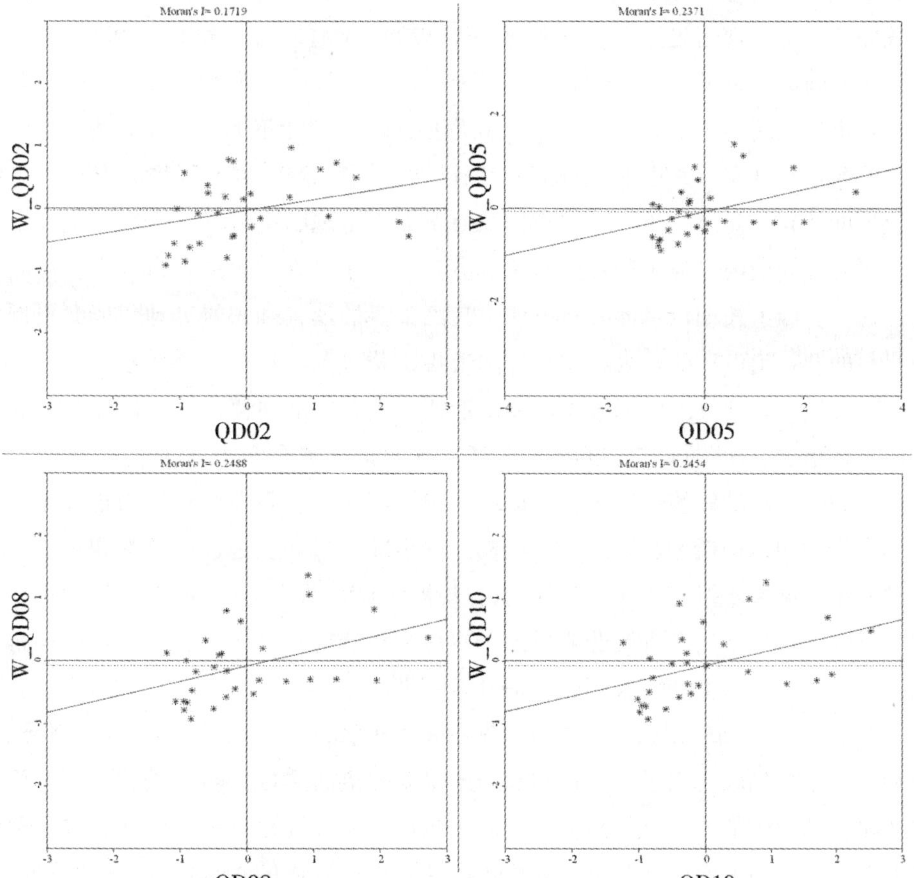

Moran 散点图中（图 6 - 1）的“高—高”（HH）和“低—低”（LL）象限表明碳排放强度的观测值存在较强的空间正相关，即具有均质性；“高—低”（HL）关联和“低—高”（LH）关联表示存在较强的空间负相关，即空间单元存在异质

性。从全国2002、2005、2008和2010年这四个年份的Moran散点图来看，各年份中位于HH和LL象限的样本数分别占总量的56%、59%、59%和63%；相应位于HL和LH象限的样本比例分别为44%、41%、41%和37%。这表明研究时段内碳排放强度的空间异质性（离散分布格局）略有上升，但总体而言碳排放强度在局部范围内仍具有较高的空间相关性，局部集聚格局显著。“高—低”关联（HL）显著区是局部高值离群点类型，即碳排放强度相对高于周围的省份，主要分布于长江中游和西南地区且只有贵州省通过检验；“低—高”关联（LH）区是局部低值离群点类型，主要分布于靠近东部和南部沿海地区的内陆，但统计检验显著区较少，表明这些区域显现的“凹点”现象可能是低概率事件。

2000—2010年，全国碳排放强度的“冷点”区（低值集聚区）空间格局相对较为稳定，呈现出先减少后增多的趋势，2005年前，均分布于东部沿海的长三角地区和南部沿海的珠三角地区，而2005年后主要分布于东部沿海的长三角地区；碳排放强度的“热点”区分布（高值集聚区）变化不大，西北、黄河中游和东北地区均有分布，其中西北黄河中游甘、青、宁、陕四省地区作为“热点”区的稳定度较高；此外，历年“热点”区在数量上呈现稳定趋势（图6－2）。

研究时间域内，显著稳定热点区域分布主要集中在甘肃、青海、宁夏和陕西省，这主要因为长期以来西北地区作为我国重要的油气和煤炭基地，能源资源等原材料的开采消费比例较高，尤其伴随近年宁蒙沿黄经济带、兰西格经济区和鄂尔多斯盆地地区油气资源的开发，能源消耗的重心逐渐向西北等地区转移的相关效应日益增强。而碳排放强度的“冷点”区的集聚主要源于2002年后东部沿海长三角和珠三角的传统高耗能产业逐步向中西部转移，而在原有区域逐步形成以资本密集和知识创新为驱动的经济结构，逐步降低对一次能源的依赖程度，提高能源效率的结果。但在2005年后广东省却被排除在了稳定“冷点”区范围之外，一定程度上反映了广东省制造业目前仍然对能源的需求量较大，其产业结构仍处于向高端制造业与生产性服务业转型升级阶段。

“高—低”关联（HL）显著稳定区只有贵州省，一方面说明该省的碳排放强度始终处于全国较高水平——这与其长期以来较周边省区经济发展缓慢，经济发展水平与总量较低，一次能源消耗量大，使得其能源效率偏低进而推高碳排放强度有关——另一方面则反映出其被周边以具有相对较低的碳排放强度经济结构的省份包围，从而进一步反映出四川、重庆、湖南三省目前的碳排放强度处于相对较低水平，这与这些省份目前相对贵州具有较高的经济发展速度和较大的经济总量拉低其碳排放强度有关。

图 6－2　中国主要年份（2002、2005、2008、2010 年）碳排放强度空间 LISA 集聚格局图

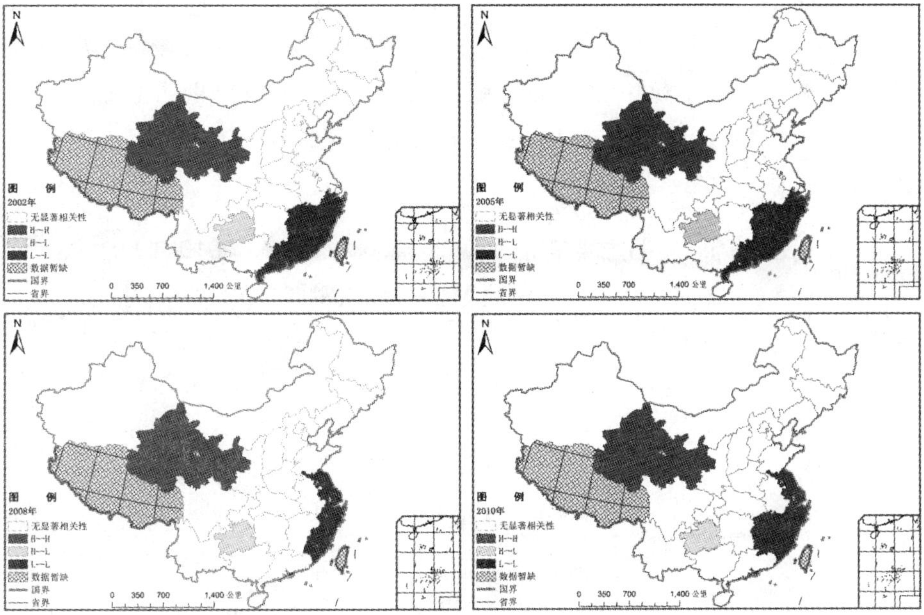

二、人均碳排放空间相关性格局特征

根据 2000—2010 年中国人均碳排放的空间自相关分析可知（表 6－2），各年 *Moran'sI* 值均为正，且除 2002、2003 年通过 95% 的 Z 值检验外，其余均在 99% 的可置信水平以上，检验结果显著，表明全国人均碳排放具有空间正相关关系；2002 年以来，人均碳排放水平相似的省区在空间上呈现集中分布，集聚态势明显，且"十五规划"之后，*Moran'sI* 值变化不大，空间"集中"的趋势较为稳定。

表 6－2　中国 2000—2010 年能源碳排放强度全局自相关 *Moran'sI*

	2000	2001	2002	2003	2004	2005	2006	2007	2008	2009	2010
Moran'sI	0. 3762	0. 3398	0. 4249	0. 4087	0. 3765	0. 3685	0. 3451	0. 3324	0. 3240	0. 2853	0. 2492
$Z_{(I)}$ *	2. 67	2. 61	2. 36	2. 45	2. 67	2. 94	2. 63	2. 73	2. 37	2. 81	2. 65

* $Z_{(I)}$ >1. 96″表明在 5% 的显著性水平，$Z_{(I)}$ >2. 58 表明在 1% 的显著性水平

在此基础上进一步研究碳排放强度在局部区域的集聚分散趋势，识别人均碳排放的"冷点"和"热点"区域。

Moran 散点图中（图 6－3）的“高—高”（HH）和“低—低”（LL）象限表明人均碳排放的观测值存在较强的空间正相关，即具有均质性；“高—低”（HL）关联和“低—高”（LH）关联表示存在较强的空间负相关，即人均碳排放空间单元存在异质性。从全国 2002、2005、2008 和 2010 年这四个年份的人均碳排放 Moran 散点图来看，各年份中位于 HH 和 LL 象限的样本数分别占总量的 72%、66%、66% 和 72%；相应位于 HL 和 LH 象限的样本比例分别为 28%、34%、34% 和 28%。

图 6－3　中国主要年份（2002、2005、2008、2010 年）人均碳排放 Moran 散点图

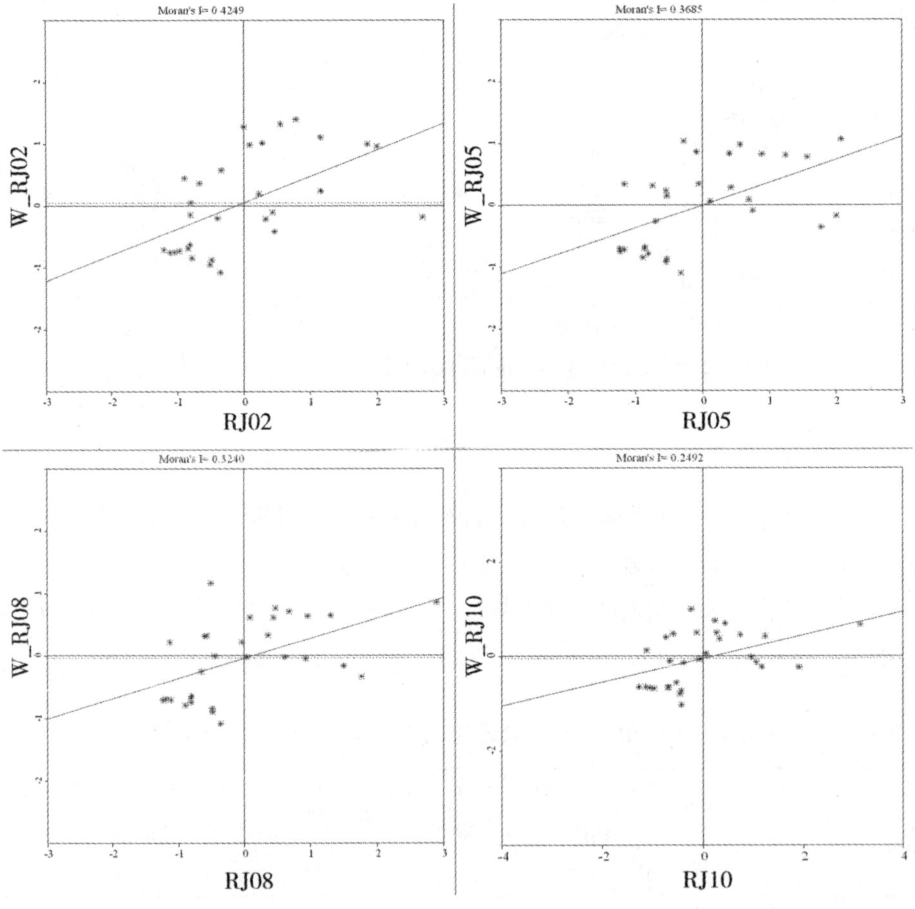

这表明研究时段内人均碳排放强度的空间异质性（离散分布格局）呈先下降后上升趋势，但总体而言人均碳排放强度在局部范围内的空间相关性较低，局部集聚格局不显著。尤其是“高—高”（HH）和“低—低”（LL）的空间集聚显著

性明显。而“高—低”关联（HL）显著区是局部高值离群点类型（即人均碳排放强度相对高于周围的省份）和“低—高”关联（LH）区是局部低值离群点类型（即人均碳排放强度相对低于周围的省份）的区域统计检验显著区较少，表明这些区域显现的“凸点”和“凹点”现象可能是低概率事件。

2000—2010年，全国人均碳排放的“冷点”区（低值集聚区）空间格局相对较为稳定，呈现出先增多后减少的趋势，2005年前，均分布于长江中游省区和海南省，而2005年后主要分布于西南、长江中游省区与海南省，这一期间贵州省与重庆市逐步从人均碳排放的“冷点”显著区中剔除；人均碳排放的“热点”显著区分布（高值集聚区）呈现逐年减少态势，由2002年的内蒙古自治区、山西、京、津和辽宁，到2010年逐步减少至只有内蒙古一个省区（图6-4）。

图6-4　中国主要年份（2002、2005、2008、2010年）
人均碳排放空间LISA集聚格局图

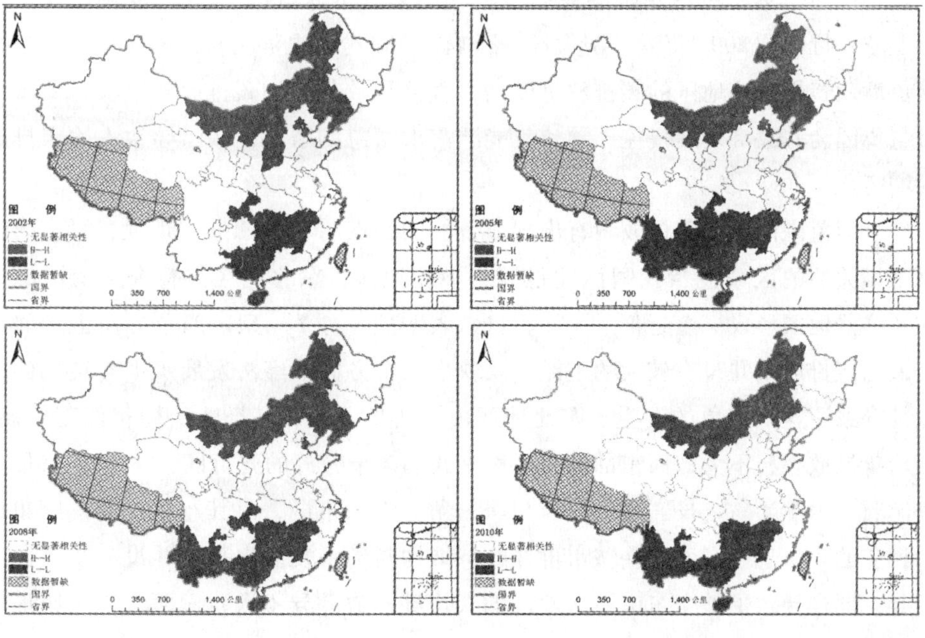

研究时间域内，人均碳排放热点区域分布主要集中在华北平原与蒙古高原地区，这主要因为长期以来华北地区作为我国重要的重工业和能源基地，能源生产与重工业占经济结构比例较高，尤其近年来对内蒙古自治区煤炭资源开发强度日益增强，同时内蒙古自治区也是华北电网煤电外送的重要省份，而其人口近十年没有较大增长，导致这种高点的集聚始终以该省份最为突出。研究时间段内，山

西、辽宁、京、津逐步从高值“热点”显著区剔除的原因各不相同：京、津两市的人均碳排放降低主要是由于能源消费结构的转变与人口集聚的原因，2005 年后两市逐步减少一次能源使用量，同时外来人口大量涌入导致其人均碳排放加速减少；而辽宁省主要源因在于东北振兴政策加速其传统重工业经济结构转型，同时受技术进步的影响促进其碳排放总量减少，从根本上导致其人均碳排量减少；而山西省则是因为近年来受国家煤炭生产宏观调控的影响，煤炭产量逐年减少，相关绿色开采与环境治理政策的实施，导致其人均碳排放逐步降低。

研究时间段内人均碳排放稳定“冷点”区范围变化经历了先增多后减少的过程，原因较为复杂。江西、湖南、广西和海南省始终处于显著状态，这与这四省域在十年间产业结构没有较大变化直接相关；2005 年，云贵两省进入显著“冷点”区范围，原因在于西部大开发战略与中部崛起战略实施的最初五年两省的经济发展增速较周边省域较慢，其能源需求增速也较相邻的四川省有较大差距，间接导致其人均碳排放量相对周边省域较低；而 2005 年后，重庆市和贵州省逐步从显著“冷点”区范围内剔除的原因也不相同，贵州省 2005 年后火电装机规模逐年上升，特别是 2008 年受经济大环境影响，大部分水电停机，而相应火电机组则满负荷运转导致该地区的碳排放量剧增，直接导致其人均碳排放的增长；而重庆市主要因为其经济发展提速，导致其能源需求量急剧增长，从而导致人均碳排放的增高。

全国范围内人均碳排放没有出现显著的“凸点”和“凹点”现象，没有出现显著相关性的区域包括我国西北地区、中原地区、东北地区与整个东南沿海地区。这些地区形成一个近似“Y”型区，表明这一“Y”型区三个方向上相邻省区人均碳排放量并没有较大的差距，反映出三个方向上经济发展水平与结构的相似性导致了这一现象的发生。东北地区由于历史原因，其经济结构相似度较高，人均碳排放差异不大；而东部沿海地区是我国改革开放的先行区，30 多年来形成京津冀、山东半岛、长三角、海西与珠三角五大城市群，由其经济发展程度集聚了相应的人口规模，而这些城市群在经济结构与经济发展水平上并没有实质性的差异，同样导致了整个东南沿海地区的人均碳排放差异不大；而西北与中原地区近 10 年来受西部大开发、中部崛起和东部沿海地区产业梯度转移发展的影响，使得相关高耗能产业在空间上逐步向中西部布局，经济发展程度同样集聚了相应人口规模，而在西北和黄河中下游地区依赖其能矿资源优势形成的工业结构相似性更高，直接导致这一区域范围内人均碳排放量差异不明显。

三、主要结论与政策建议

我国二氧化碳排放的热点地区基本都聚集于重点城市。全局和局部 Moran 指数计算结果也表明，以重点城市为核心的区域，其二氧化碳排放在空间上具有显著的正向空间相关效应。这都说明重点城市对于全国二氧化碳排放有着非常重要的影响，而省级边界对二氧化碳排放空间格局影响不大。我国二氧化碳排放受能源利用形式影响很大，而能源利用特征受资源禀赋影响，跨省域聚集现象非常明显。所以，在城市层面开展低碳研究和低碳规划对于我国更有现实意义。从中国局部 Moran 指数看，中国二氧化碳排放在空间上真正具有显著集聚效应的区域面积并不大，主要集中在北京、上海、广州等重点城市核心区周边。这些城市的经济、人口、产业的体量很大，其二氧化碳排放空间正向影响能力很强，因而基于这些重点城市采取二氧化碳减排政策和措施，必将产生带动效应和连锁反应，实际减排效果要远大于直接减排效果。

（一）主要结论

1. 碳排放强度局部范围内具有较高的空间相关性，而且“冷点”区与“热点”区空间格局相对稳定

研究时段内各省区碳排放强度的空间异质性（离散分布格局）略有上升，但总体而言碳排放强度在局部范围内仍具有较高的空间相关性，局部集聚格局显著。全国碳排放强度的“冷点”区（低值集聚区）空间格局相对较为稳定，呈现出先减少后增多的趋势，碳排放强度的“热点”区分布（高值集聚区）变化不大，西北、黄河中游和东北地区均有分布，其中西北黄河中游甘、青、宁、陕四省地区作为“热点”区的稳定度较高；此外，历年“热点”区在数量上呈现稳定趋势。

2. 人均碳排放强度局部范围内空间相关性较低，但是没有出现显著的“凸点”和“凹点”现象

研究时段内人均碳排放强度的空间异质性（离散分布格局）呈先下降后上升趋势，但总体而言，人均碳排放强度在局部范围内的空间相关性较低，局部集聚格局不显著。全国人均碳排放的“冷点”区（低值集聚区）空间格局相对较为稳定，呈现出先增多后减少的趋势，人均碳排放的“热点”显著区分布（高值集聚区）呈现逐年减少态势，人均碳排放热点区域分布主要集中在华北平原与蒙古高原地区。全国范围内人均碳排放没有出现显著的“凸点”和“凹点”现象，没有出现显著相关性的区域包括我国西北地区、中原地区、东北地区与整个东南沿海地区，这些地区形成一个近似“Y”型区。

（二）政策建议

我国正处于城市化和工业化的快速发展阶段，经济增长对能源消费的刚性需求将会保持高位增长态势，由此产生的碳排放将会对经济、社会和环境的持续发展形成较大压力。在应对全球气候变化、发展低碳经济和碳减排的目标框架下，如何促进经济和产业的实质性转型，实现经济发展与环境保护协调发展，是我国当前面临的重大挑战，需要政府部门和学术界给予更多关注的重要科学问题。既需要学术界深入开展碳排放过程、格局及作用机理的创新性研究，为经济、社会和环境的持续发展提供理论支撑和科学依据，更需要中央和地方政府立足于区域发展的科学实践，制定能源利用与差异化碳减排政策。

分类指导，针对性分区制定减排政策。对于高度依赖能源的西北、东北和中西部省区，应以产业结构优化调整为核心，推进清洁型生产，逐步改变以煤为主的高消耗、高污染能源消费结构，降低能源强度和优化能源结构，促进经济增长方式和发展模式的实质性转变；对于经济和产业转型较有成效的东部沿海地区，应继续培育和发展新能源、新材料、高新技术和高端服务业等新兴产业，发展循环经济，实现产业的生态链接，走质量与效率并重、绿色、低碳、节约型可持续之路。

充分发挥政府的宏观调控作用，依据各省区经济发展和产业转型的阶段性，因地制宜制定碳减排差异化政策，东部沿海地区应承担更多的配碳减排任务，以保障中西部地区的顺利转型；同时考虑碳排放强度影响因素的空间交互效应，采取统筹规划、整合资源、信息共享和互通有无的协同控制策略，既能有效促进地方经济持续发展，又能保障我国节能减排目标的实现。

1. 分类治理，针对相似情形省域制定同类减排政策

针对优先减排区的政策建议落入高—高集聚区的省域，可视为优先减排区，减排潜力大，可采取积极的减排态度。2011 年，共有河北、山东、河南、山西和内蒙古自治区五省（自治区）属于这一区域，表征中心及其周边省域碳排放总量都很高，对其可开展区域减排共治，使其发挥协同和溢出效应。

针对重点减排区的政策建议落入高—低集聚区的省域，可视为重点减排区，减排潜力大，可采取积极的减排态度。这类区域的中心省域相对于周边省域的碳排放较高，其减排政策的优劣会对周边省域起到重要作用，针对这类区域应着重对中心省域进行减排。如广东省在观察期内持续位于此区，这是我国南部地区的碳排放大户，治理的关键在于：应对中心省域采取积极的减排态度，大幅降低广东的碳排放，才能使其减排影响溢出到周边省域。

针对减排观察区的政策建议落入低—高集聚区的省域，可视为减排观察区，减排潜力小，可采取保守的减排态度。因为周边省域的碳排放相对于中心省域较高，应密切观察周边省域制定的减排政策，包括产业结构调整、能源消费结构调整等，如有影响到中心省域的发展，应及时给予足够重视。安徽在2005年后，其碳排放所处区域始终不变，表明安徽和周围省份的碳排放相对差额不大，应高度重视其他省份的减排政策对安徽的影响。

针对减排缓冲区的政策建议落入低—低集聚区的省域，可视为减排缓冲区，减排潜力小，可采取保守的减排态度。说明中心及周边省域碳排放都很低，二者政策可互相发挥示范效应。新疆、四川在观察期内基本位于此区，中心和周边省份可以借鉴经验，互动减排。

2. 循序渐进，根据省域演变特征及时调整减排政策

全国各省的碳排放情形是不断变化的，不能一成不变地执行同一政策，要注重各个省域的动态变化，保持减排政策的综合平衡，发挥政策的区域最优效益，防止出现“头疼医头、脚疼医脚，最后顾此失彼”的被动结局。据此可以考虑制定动态区域减排政策，例如在高—高集聚区，对河北、山东、河南、山西和内蒙古自治区五省（自治区）进行联防联控，在目前京津冀环保一体化的大背景下，可以首先对京津冀三地进行协同治理，进一步再扩大到五省份协同共治。

3. 智慧集成，以信息化手段提升减排决策的科学性

区域碳减排具有复杂性、多变性、系统性等特征，减排战略规划的制定应以大数据为基础，以多维度数据库和信息化平台为支撑，结合国家发展改革委正在推进的试点示范地区温室气体排放清单编制及核算标准体系建设工作，将各类技术和管理手段综合运用如下：首先，应形成一个“四位一体”的数据获取源，将统计数据、调查数据、监测数据及遥感数据综合集成，建立多维度的碳排放标准数据库；其次，基于碳排放标准数据库，建立可视化的云决策平台。

第七章　中国省域碳排放空间溢出分析

由于中国是世界二氧化碳排放最多的发展中国家，且中国幅员辽阔，各区域在地理空间分布、资源格局、产业结构及经济发展水平等方面不但有着较大的差异，而且这些区域有着较强的空间相关性；而现有的研究较少分析中国省际区域间碳排放的空间转移特征，也没有就碳排放转移的经济溢出效应展开研究。实践表明，要保证中国经济高速发展，实现中国政府及各省际区域既定的减排目标，就需要准确把握区域碳排放空间转移特征，明确其经济溢出效应，有效引导碳排放在中国省际区域间合理转移，这也是本章研究的出发点。

中国省域碳排放增长具有空间依赖性，这意味着政府部门在制定碳排放政策和相关指标的时候，必须考虑碳排放增长的空间溢出效应，充分重视加强邻近区域低碳技术的合作和交流，加快碳排放的跨区域治理，抑制产业结构对邻近区域碳排放增长的关联效应。采取相应措施形成省域碳排放影响因素关联互动机制，优化省际影响因素的空间效率，降低影响因素对碳排放增长协同贡献率，增加影响因素对碳排放增长降低贡献率。随着我国经济发展的不断深入，控制碳排放成为刻不容缓的问题，转变经济增长方式和调整产业结构，金融改革和出口贸易都要考虑低碳经济发展这一重要前提，发展低碳技术是实现碳减排的重要途径。

一、碳排放强度空间溢出分析

由碳排放强度空间溢出模型计算得到结果如表 7－1 所示。（由于统计数据获得原因，1980—2000 年碳排放数据由各省区能源消耗标煤核算，2000—2010 年各省区碳排放按能源消耗类型计算）。

表 7－1　　　　碳排放强度空间溢出模型分析结果

模　型	碳排放强度空间溢出模型分析	
地　区	β_1	β_2
北京	0.0003010 （* *）	－0.0006369 （* *）
天津	0.0002218 （*）	－0.0059088 （*）
河北	－0.0000708 （*）	0.0001941 （* *）
山西	－0.0002662 （* *）	0.0033223 （* *）
内蒙古自治区	－0.0005887 （* *）	0.0021690 （* *）
辽宁	0.0002964 （* * *）	0.0030121 （* * *）
吉林	0.0001023 （* * *）	0.0021022 （* * *）
黑龙江	－0.0003698 （* * *）	0.0034419 （* * *）
上海	0.0002639 （* *）	－0.0002211 （* *）
江苏	0.0002713 （*）	－0.0014084 （*）
浙江省	0.0004306 （*）	－0.0039236 （* *）
安徽	－0.0002737 （* * *）	0.0046287 （*）
福建	0.0000004 （* * *）	0.0019770 （* * *）
江西	－0.0000347 （* * *）	0.0021118 （* * *）
山东	0.0000947 （* *）	0.0003447 （*）
河南	－0.0001276 （* *）	0.0001392 （*）
湖北	0.0002117 （*）	0.0040023 （*）
湖南	0.0000275 （*）	0.0037999 （*）
广东	0.0001947 （* *）	－0.0054836 （* *）
广西	0.0000352 （* * *）	0.0025259 （）
海南	0.0000431 （*）	－0.0008117 （*）
四川	－0.0002570 （* * *）	0.0062949 （* * *）
贵州	－0.0002328 （* * *）	0.0020848 （* * *）
云南	－0.0001165 （* * *）	0.0026444 （*）
陕西	－0.0000281 （*）	0.0021145 （*）
甘肃	0.0000536 （*）	0.0010459 （*）
青海	－0.0000303 （* * *）	0.0004583 （* * *）
宁夏回族自治区	－0.0000715 （*）	0.0007322 （* * *）
新疆维吾尔自治区	－0.0001302 （* *）	0.0015668 （* * *）

* *表示5%的显著性水平，*表示10%的显著性水平，* * *为不显著

从表7－1中看出，中国区域碳排放的份额与碳排放强度空间滞后变化关系中可以得出未来碳排放强度上各省区市的竞合规律：经济发达的京、津、沪以及鲁、苏、浙、闽、粤等东部沿海省份的份额虽然较大，但趋于稳定，而且在新增排放量中所占的比重呈下降趋势；京、津、沪、鲁、苏、浙对邻近地区如晋、冀、豫、皖、蒙等省区产生的溢出效应较为显著（$\beta_{1i}>0$），即高碳排放强度会产生高碳排放区域的溢出。这主要是因为这些经济发达地区从邻近地区输入能源，这些地区碳排放强度的增长会拉动邻近地区的碳排放呈现更加快速增长的态势。闽、粤与周边地区的净相邻效应则不显著；西北和西南地区（云贵川、蒙疆、陕甘宁青、晋冀豫）的增长效应显著为正；其中，西北地区省份尤其是宁、蒙、陕、甘沿黄经济带受到周边地区溢出效应的影响较为显著，而云贵川与周边地区的净相邻效应则不显著；传统的重工业基地如东北三省的份额有所下降，且区域碳排放强度溢出效应不显著；中部（两湖、徽赣）的份额有所上升，这些地区的增长效应均不太显著，这与该部分地区区内产业用能需求与能源需求相对平衡所致，但是，中部省份受到沿海地区碳排放强度溢出效应的影响较为显著，而东北地区和西南地区与邻近地区的净相邻效应不显著。

总体上，区域碳排放强度对碳排放占全国份额的正增长效应显著地区（$\beta_{2i}>0$）主要集中在中西部能源输出省份，而经济发达的沿海地区的负增长效应（$\beta_{2i}<0$）相对显著。从动态效应角度分析，东部大部分经济发达省区能源输入省区$\beta_{1i}>0$，说明该部分省区碳排放具有时间依赖性，上期的碳排放强度对本期的全国碳排放份额具有正的促进作用，这是由于该部分省区的经济社会发展仍是需要大量的能源消耗，同时，经济规模的增大导致人口集聚，区域碳排放仍处于增长阶段，同时该部分地区$\beta_{2i}<0$，说明东部沿海省区的碳排放份额随着碳排放强度增长而下降，表明东部经济发达省份的碳排放增速正在放缓，体现为经济发达的沿海地区的碳排放负增长效应相对显著；而绝大多数产能或以能源产业为主的省区$\beta_{1i}<0$，说上期的碳排放强度对本期的碳排放具有负的促进作用，这是由于该部分省区逐步意识到本省区过度依赖能源的产业结构，正在逐步向更高级的产业结构转型，同时，该部分地区$\beta_{2i}>0$，说明碳排放份额随着碳排放强度增长而增长，表明该部分地区的碳排放增速依然较快，集中体现在中、西部地区与河北省等一些传统能源产品输出省区的碳排放强度对区域碳排放占全国份额的正增长效应相对显著。

二、人均碳排放空间溢出分析

由人均碳排放空间溢出模型计算得到结果如表7－2所示：

表 7-2　　　人均碳排放空间溢出模型分析结果

模　型	人均碳排放空间溢出模型分析	
地　区	β_1	β_2
北京	0.06562 (* *)	-0.06562 (* *)
天津	0.016443 (*)	-0.016443 (* *)
河北	0.752467 (* *)	-0.752467 (* *)
山西	0.17811 (*)	0.17811 (*)
内蒙古	0.144317 (* *)	0.144317 (* *)
辽宁	0.04252 (* * *)	0.04252 (* * *)
吉林	0.042242 (* * *)	0.042242 (*)
黑龙江	-0.02276 (* * *)	0.02276 (* * *)
上海	0.52775 (* *)	-0.52775 (* *)
江苏	0.142155 (*)	-0.142155 (* *)
浙江省	0.356302 (*)	-0.356302 (* *)
安徽	0.130677 (*)	0.130677 (*)
福建	-0.090692 (* * *)	0.090692 (*)
江西	-0.116461 (* * *)	0.116461 (*)
山东	0.132628 (* * *)	0.132628 (*)
河南	0.091048 (*)	0.091048 (*)
湖北	-0.214841 (* *)	0.214841 (*)
湖南	-0.108478 (* *)	0.108478 (* *)
广东	0.121319 (* *)	-0.121319 (* *)
广西	-0.130125 (* *)	0.130125 (*)
海南	-0.388098 (* * *)	0.388098 (* * *)
四川	0.076812 (* *)	0.076812 (*)
贵州	-0.367923 (* *)	0.367923 (* *)
云南	-0.156963 (*)	0.156963 (*)
陕西	0.172222 (*)	0.172222 (*)
甘肃	0.08002 (* *)	-0.08002 (* *)
青海	-0.365118 (* * *)	0.365118 (* * *)
宁夏回族自治区	0.570895 (*)	0.570895 (*)
新疆维吾尔自治区	0.370119 (* * *)	0.370119 (* * *)

* * 表示5%的显著性水平，* 表示10%的显著性水平，* * * 为不显著

从表 7-2 中看出，中国区域碳排放的份额与人均碳排放空间滞后变化关系中可以得出未来人均碳排放上各省区市的竞合规律：经济发达的京、津、沪和鲁、苏浙、闽、粤等东部沿海省份的人均碳排放较高，但趋于稳定，人均碳排放的溢

出效应显著区域主要集中在环渤海京、津、冀、蒙、晋、鲁和长三角的苏、浙、沪地区（$\beta_{1i}>0$），环渤海地区溢出效应主要对西北部邻近区域，长三角地区溢出效应主要沿长江上游方向，西部地区的关中地带和陇海—兰新沿线的人均碳排放较高也存在一定的溢出效应，即高人均碳排放地区会产生高碳排放区域的溢出，而溢出效应显著的地区与我国主要城市群区域基本吻合，这主要是因为这些城市群作为主要的能源输入和人口集聚区域，其经济社会发展必然对邻近地区的产业结构造成影响，逐步形成相应的区域分工格局，这些地区人均碳排放的增长会拉动邻近地区的碳排放呈现更加快速增长的态势，同时城市对人口的集聚效应使得人均碳排放的溢出效应进一步强化；中部（两湖、徽、赣）和云贵高原的人均碳排放存在集聚效应（$\beta_{1i}<0$），即该部分地区人均碳排放的增长会导致该部分地区碳排放总量在全国份额的下降，这是由于该部分省区主要是承接东部产业转移与工业发展相对滞后的地区，其经济发展虽然会导致碳排放量的升高，但人口的集聚效应并不显著，反而往往是人口流出地，这样就导致了该地区人均碳排放量逐步增高，而碳排放总量在全国的份额却并没有增长，显现出相应的集聚效应；传统的重工业基地东北三省、闽、琼的人均碳排放强度溢出效应不显著，闽、粤与周边地区的净相邻效应则不显著。

总体上人均碳排放对区域碳排放份额的正增长效应显著地区（$\beta_{2i}>0$）主要集中在中西部能源输出省份，而经济发达的沿海地区的负增长效应（$\beta_{2i}<0$）相对显著。从动态效应角度分析，东部沿海大部分城市群发育成熟的省区能源输入省区$\beta_{1i}>0$，说明该部分省区碳排放占全国份额具有时间依赖性，上期的人均碳排放对本期占全国碳排放的份额具有正的促进作用，这是由于该部分省区的经济社会发展仍是需要大量的能源消耗，同时，经济规模的增大导致大量人口集聚，城市化进程加速，促使该部分区域碳排放仍处于增长阶段，同时该部分地区$\beta_{2i}<0$，说明东部沿海省区的碳排放份额随着人均碳排放强度增长而下降，与碳排放强度的负增长效应相似，表明东部经济发达省份的碳排放增速正在放缓，体现为经济发达的沿海地区的人均碳排放对区域碳排放占全国份额的负增长效应相对显著；而绝大多数人口总量偏少的欠发达省区或是承接东部产业转移且处于产业转型的省区$\beta_{1i}<0$，说明上期的人均碳排放对本期的碳排放具有负的促进作用，这是由于该部分省区正处于产业结构升级的过渡阶段（中部两湖地区）或是城市由于集聚能力较差而导致的人口外迁（云、贵、青）效应结果，这些地区目前的工业化进程虽然会导致人均碳排放增长，但是该区域的碳排放份额并不会升高，而结构的调整和虚假城市化效应将上期的人均碳排放对本期的碳排放负的促进作用效应进一步强化；同时，中、西部大部分地区处于快速城市化和产业升级的阶

段，该部分地区$\beta_{2i}>0$，其碳排放占全国份额随着人均碳排放增长而增长，说明该部分地区的碳排放总量增速在逐步加速，城市化进程和产业结构重化导致的碳排放量高速增长，表现为人均碳排放正增长效应相对显著。

三、主要结论与政策建议

（一）主要结论

1. 碳排放强度溢出效应显著区域主要集中在东部沿海经济发达省区与中西部传统能源产品输出省份，但东部沿海经济发达省份碳排放强度对碳排放占全国份额的负增长效应显著，而中西部能源产品输出省份正增长效应显著

空间效应说明，当邻近省份的碳排放强度较高时，本省的碳排放强度也较高，而邻近省份的碳排放强度较低时，本省的碳排放强度也较低，即会产生高碳排放强度区域的溢出，这种现象以东部沿海地区与中西部能源输出省份为典型。动态效应说明各省域内碳排放占全国份额具有时间依赖性，东部经济发达省份的上期碳排放强度会对下一年度其占全国碳排放份额造成一定负增长效应，表现为其碳排放增速逐步放缓；中西部各省区的碳排放份额增长虽然会因上期的排放量而控制，但目前其在全国的份额增速依然较大，表现为其碳排放增速依然较快。研究时域内高碳排放强度区域往往伴随较高的经济增长现象，我国的碳排放与经济增长之间可能将处于或长期处于近似的正相关状态，即经济增长将始终伴随着高碳排放。

2. 人均碳排放溢出效应显著的区域主要集中在环渤海与长三角城市群聚集的省区，中部（两湖、徽、赣）和云贵高原的人均碳排放存在一定集聚效应，但东部沿海地区人均碳排放对碳排放占全国份额负增长效应显著，而中西部能源产品输出省份的正增长效应显著

空间效应说明，当邻近省份的人均碳排放较高时，本省的人均碳排放也较高，而邻近省份的人均碳排放量较低时，本省的人均碳排放也较低，即高人均碳排放地区会产生高碳排放区域的溢出，而溢出效应显著的地区与我国主要城市群区域基本吻合。从动态效应角度分析，东部沿海大部分城市群发育成熟的省区上期的人均碳排放对本期占全国碳排放的份额具有正的促进作用，同时该部分地区人均碳排放对区域碳排放占全国份额的负增长效应相对显著；表明东部经济发达省份的碳排放增速正在放缓；中西部地区处于产业结构升级与高速城市化的省区会导致人均碳排放增长，但是该部分省区占全国的碳排放份额并不会升高，而结构的调整和虚假城市化效应将上期的人均碳排放对本期的碳排放负的促进作用效应进一步强化，同时该部分地区人均碳排放的正增长效应相对显著，其碳排放占全国份额随着人均碳排放增长而增长，说明该部分地区的碳排放总量增速仍在加速，城市化进程和产业结构重化导致的碳排放量增长效应依然显著。

（二）政策建议

1. 分区域、因地制宜制定排放控制措施，重点控制碳排放强度与人均排放的热点溢出区域

重点控制碳排放强度与人均排放水平高、增速又较快的溢出效应热点省区，如西北地区的内蒙古自治区、山西等省以及环渤海和长三角地区；适当控制碳排放强度与人均排放水平趋中、增速较为稳定的集聚效应冷点省区，如两湖、云贵、江西、安徽等中部与西南省份。

2. 西北地区溢出效应显著省份应加快产业结构优化升级，改变资源密集与高碳产品出口贸易格局

西北碳排放强度与人均碳排放溢出效应显著区域亟需加快产业结构优化和升级，改善贸易结构。我国能源供给不足，碳减排压力巨大，资源密集型产品出口增长不可持续，必须加快西部产业结构优化和升级，促进传统重化工业向低消耗、轻污染、高素质产业拓展和结构优化升级，延长产业链，提高附加值，改变西部传统以出口高碳产品为主的贸易格局，减少贸易中的碳泄漏。

3. 东部地区溢出效应显著的城市群集聚区域应做好区域合作治理与城市功能布局，促进低碳城市建设，实现区域碳平衡

城市群低碳发展的区域合作目的不仅要推动城市群区域经济发展，更重要的是要控制城市群区域的碳排放。对于我国城市群所处不同的发展阶段，对溢出热点城市群碳排放目标进行严格控制，通过区域合作，实现城市群内部不同功能城市的分工合作和资源最优化组合，依托高效公共交通体系促进城市群一体化发展，实现区域碳平衡。同时，积极应用低碳技术，从城市规划层面推动低碳城市建设，实现区域碳平衡。

第八章　节能减排管理措施的国际比较与经验借鉴

本章首先总结了美国、德国和日本的节能减排政策和实践中对我国节能减排建设具有一定借鉴意义的举措，然后对我国节能减排建设的总体思路给出建议，最后从行政、法律、经济措施和技术支撑以及生产生活等多个方面，提出节能减排的系统而具体的应对策略。

一、节能减排管理措施的国际比较

节能减排是一项复杂的系统工程。从能源种类角度看，依据能量获取来源属性的不同，一般可以划分为一次能源（原煤、原油、天然气、核能、太阳能、水力、风力、生物质能等）和二次能源（电力、煤气、汽油、柴油等）；从能量的生产和利用环节角度看，可以分为生产、输送、分配、使用，各个环节或系统之间互相关联，互相交叉，互相影响，因此节能减排就要对这些环节进行综合考虑；从节能减排管理实施尺度上看，在国家、地区、城市、企业甚至家庭等层面上进行，下一尺度是上一尺度的基础和组成部分，上一尺度可以采用与下一尺度不同的方法和手段；从节能减排的任务来看，节能减排是一个多目标和多约束的任务，涉及经济、环境和社会等多方面因素，如经济成本、环境污染、公众的可接受性等。因此，为了有效实现节能减排的目的和目标，需要进行节能减排的管理。

世界各国的节能减排管理模式不尽相同，与经济发展水平、社会发展阶段、技术实力、政治体制甚至文化传统等都有密切的联系。一般来说，市场经济国家大多采用市场机制为主，辅以行政干预；少数国家则以行政干预为主，辅以市场机制。为了推进节能减排工作，政府一方面要制订宏观目标和规划方案，同时要采取有针对性的政策措施来加强规范和引导。

（一）节能减排政府规制措施的国际比较

政府依据一定的法律、法规和规则对构成特定社会的个人和构成特定经济的经济主体的活动进行限制的行为，通常称为规制或管制。由社会公共机构即政府对私人及经济主体行为进行的规制，称为政府规制又称公共规制。为了推进节能减排工作，政府一方面要制订宏观战略规划，同时要制订法律法规加以约束监督。

本节对以美国、日本和德国为代表的发达国家以及中国在能源环境方面的政策法律法规进行汇总比较，为我国在节能减排方面提供借鉴，更好地指导我国的节能减排工作。各国典型的节能减排政府规制措施分类罗列如表 8－1。

表 8－1　各国典型的节能减排政府规制措施

	德　国	美　国	日　本	中　国
总体战略	实施气候保护高技术战略；提高能源使用效率，促进节约；大力发展可再生能源；减少二氧化碳排放；开展国际合作。	制定国家新能源战略，占据新能源技术制高点；绝对量化减排，非面向直接减排，重视气候变化中的不确定性。	坚持以低资源消耗、低成本和高效率为核心的技术拉动战略；积极参与和推进以降低能耗和国际合作为核心的气候政策。	优化能源结构，构建安全、稳定、经济、清洁的现代能源产业体系；坚持减缓和适应气候变化并重，推广低碳技术。
战略规划	1998 年“10 万太阳能屋顶计划”；可再生能源开发的“未来投资计划”；1977 年至今先后出台了 5 期能源研究计划；2000 年《国家气候保护计划》。	1998 年《国家能源综合战略》；2001 年《全球气候变化初步行动》；2006 年“国家能源行动计划”；2011 年 3 月奥巴马宣布“国家能源安全规划”。	1993 年“新阳光计划”；1998 年《地球温室化对策推进大纲》；2006 年《新国家能源战略规划》；2008 年《环境能源技术创新计划》《低碳社会行动计划》《绿色经济与社会变革》。	1992 年《中国环境与发展十大对策》；2004 年《节能减排中长期专项规划》；2007 年《应对气候变化国家方案》《可再生能源中长期发展规划》《节能减排综合性工作方案》。
减排目标	《京都议定书》第一期承诺：2012 年温室气体排放量在 1990 年基础上削减 21%，到 2020 年，比 1990 年削减 40%，2050 年减少 80%～95%。	2020 年温室气体排放量在 2005 年的基础上削减 17%，相当于在 1990 年的基础上削减 4%（哥本哈根气候大会）。	中期目标：到 2020 年温室气体排放量比 2005 年降低 15%，比 1990 年减排 8%（京都议定）；长期目标：到 2050 年温室气休排放量比 2005 年减少 60% 至 80%（福田蓝图）。	2020 年单位 GDP 二氧化碳排放比 2005 年下降 40% 至 45%（哥本哈根气候大会）单位 GDP 能源消耗降低 16%；单位 GDP 二氧化碳排放降低 17%（“十二五”规划）。

续表

		德　国	美　国	日　本	中　国
法律法规	能源法规	《可再生能源发电并网法》《可再生能源优先法》《可再生能源法》《节省能源法案》《能源节约条例》《电器设备法案》《促进可再生能源生产令(SDE)》	《能源政策和节约法》《国家节能政策1978》《国家家用电器节能法案》《联邦能源管理改进法》《国家能源政策法》《国家能源政策法案-2005》《2007年能源独立和安全法案》《低碳经济法案》	《节约能源法》及其实施条例，经过八次修订《合理用能及可再生资源利用法》、《2010年能源供应和需求的长期展望》、《地球温暖化对策推进法》。	《电力法》《煤炭法》《可再生能源法》《节约能源法》《清洁生产促进法》《循环经济促进法》《能效标识管理办法》《中国节能产品认证管理办法》《民用建筑节能管理规定》《公用建筑节能条例》
	环保法规	《水污染防治法》《大气污染防治法》《废弃物限制及废弃物处理法》《循环经济与废弃物管理法》《环境影响评价法》	《国家环境政策法》《水污染控制法案》《清洁水法》《固体废物处置法》《资源保护及恢复法》《清洁空气法》	《公害对策基本法》《日本环境基本法》《汽车循环法》《水污染防治法》《废弃物处理法》《大气污染防治法》《化学物质限制法》《公害健康损害赔偿法》	《环境保护法》、《固体废物污染环境防治法》《再生资源回收管理办法》《电子废物污染环境防治管理办法》《大气污染防治法》《水污染防治法》

1. 德国节能减排的政府规制措施

德国国土面积相对比较小，其自然条件在全球地理环境条件中显得相对脆弱，干旱、洪水等自然灾害频发。德国是世界上“绿党政治”最为典型的国家之一，环境政策是国内各政党进行政治角逐的重要焦点。因此，无论是从自然条件和社会基础出发，还是服务国内政治、拓展国际空间考虑，全球减排都有助于其发挥可再生能源技术优势，占领世界市场，获取经济利益。德国在应对气候变化、减排温室气体方面都采取了积极态度，并独自承担了欧盟在《京都议定书》第一阶段75%的减排义务。

德国能源政策的重点在于扩大再生能源的利用以及提高节能和能源的有效利用。德国是欧洲国家中法律框架最完善的国家之一，一贯重视从宏观规划和立法上对可再生能源发展给予大力支持，德国对可再生能源行业的政策支持始于1974年，最初主要集中在小型风机上。1991年的《可再生能源发电并网法》，对可再生能源发电提供了严格的立法支持。2000年3月29日颁布的《可再生能源优先法》、2001年出台的《可再生能源法》以及2004年8月1日颁布的《可再生能源法修订案》，是德国快速发展可再生能源最有力的保证，搭建了发展可再生能源所必须的法律框架及政策平台，确定了几个重点研究领域：①大力发展风能，促进现有风力设备更新换代；②对可再生能源发电的并网与价格提供保护；③鼓励沼气能的发展。2002 年出台了《节约能源法案》，建立了系统的节能法律体系。2005 年颁布了《能源节约条例》和电器设备法案。这些法规的出台，大大地推广了风力发电、太阳能发电、废弃物发电以及生物质能用作再生能源，也提高了能源的利用效率，推动了德国能源供应的可持续发展。近年来，德国政府鼓励支持住宅供暖的用能使用太阳能、天然气，使得住宅供暖市场上可再生能源和清洁能源得到了广泛应用。

德国作为传统的“环境大国”，政府 1971 年就已经开始实行有关环境保护计划，相继出台了一系列环保法规；1977 年开始在有关产品上使用环保标志“蓝色环境天使”。德国是废弃物可再生利用率最高的国家。1972 年颁布了《废弃物处理法》，该法确立了无害化和污染者付费原则，1986 年对其进行了修订，更名为《废弃物限制及废弃物处理法》，确立了预防为主和垃圾处理后重复使用原则。1991 年，制定了《包装条例》，要求商品包装要回收和循环使用，1996 年德国提出了新的《循环经济与废弃物管理法》，该法是垃圾循环利用法律体系的核心，依据该法相继出台了各行业的垃圾处理法规。

在应对气候变化方面，德国政府依靠技术发展，提出了实施气候保护高技术战略，从 1977 年至今，德国先后出台了 5 期能源研究计划，最新一期计划从 2005 年开始实施，以能源效率和可再生能源为重点，为“高技术战略”提供资金支持。2007 年，德国联邦教育与研究部又在“高技术战略”框架下制定了气候保护战略。该战略确定了未来研究的 4 个重点领域，即气候预测和气候保护的基础研究、气候变化影响、适应气候变化的方法和与气候保护相关的政策措施研究，同时通过立法和约束性较强的执行机制制定气候保护与节能减排的具体目标和时间表。

2. 美国节能减排的政府规制措施

美国是世界上最发达的国家，有着相当成熟完善的经济、科研、法律法规体系，但同时也是世界上最大的能源消耗及污染排放国家。长期以来，石油利益一直是美国地缘政治战略的核心，21 世纪的能源需求更是美国地缘政治的重要因素。同时由于全球气候变化、国内经济发展、人口增长、资源利用及环境变化等问题带来的新挑战，美国给予了节能工作更高的重视。美国的节能减排相关政策法规涉及生活、生产的方方面面，政府严格控制能耗水平和污染排放量，并且生态环保理念深入人心，任何污染行为都将面临严厉的法律制裁和道德压力。

美国政府一向重视对于能源政策和相关法律的制定。美国的政策大致包括能效标识、建筑节能、交通节能和可再生能源政策。还包括制定国家新能源战略，引导企业研发先进技术。为占据技术制高点，美国将新能源技术的开发和应用作为第四次工业革命的起点。美国将在发电技术（包括地热能、太阳能、风能、水力发电）、交通运输技术（包括生物质能、燃料电池等）和能效方面的技术等领域进行重点研发。

在节能减排相关政策法规的出台方面，1975 年颁布实施了《能源政策和节约法》，核心是能源安全、节能及提高能效。1976 年颁布《资源节约与恢复法》。1978 年正式出台《国家能源保护政策法》和《公用电力公司管理政策法案》。1980 年美国政府颁布了《固体废物处置法》。1992 年制定了《国家能源政策法》，1998 年制订了《国家能源综合战略》，2003 年颁布《能源税收激励法案》，这些法案法律的出台目的在于提高能源的使用效率。2005 年出台了《国家能源政策法案—2005》，旨在减少对国外能源依赖，解决国内能源价格高涨，促进清洁能源和可再生能源的利用，规范新能源市场的发展，以能源多元化促进能源供应安全。2007 年颁布的《低碳经济法案》确立了战略性的温室气体减排的目标：2020 年将美国温室气体的排放减少到 2006 年水平，2030 年减少到 1990 年的水平，并在全国范围内通过限额交易体系减少温室气体排放。

在气候变化问题上，美国国会制定了各种可能减排温室气体的政策，但是目前还没有一个明确的综合的国家政策来促进减排。美国目前的气候变化应对机制主要是由政府主导科学研究和推动技术创新，鼓励企业自愿减排。美国的政策侧重在确保未来能源需求的条件下开发新的能源技术，而不是面向直接减排。其总体特点是借助技术力量的发展，强调市场因素，重视气候变化中的不确定性，坚持国家利益至上，保证关键行业和国家发展免受影响，要求发展中国家中的排放大国进行绝对量化减排的国际气候谈判政策。

3. 日本节能减排的政府规制措施

日本是一个资源稀缺的国家，历来重视节能减排。日本节能减排主要通过政府政策引导、制度建设、法律法规、技术研发和推广等措施，形成以能源节约、技术改进、生活方式调整和增加碳汇等方式为特色的比较完备的节能减排保障体系。

日本的能源利用效率很高，其能源政策和措施有很多可圈可点之处。日本从 1973 年开始大力推进利用太阳能发电的“阳光计划”，并于 1993 年把“阳光计划”与 1981 年开始实施的“月光计划”合并后推出“新阳光计划”，且列为国家重点发展项目。这个计划的实施，促进了能源与环境领域综合性的技术开发，推动了太阳能发电、燃料电池发电等技术研发成果的实用化。1979 年 6 月颁布了首部《节约能源法》，以立法形式确定了企业和个人应遵循的节能标准，确立“能源利用管理示范工厂”制度；2002 年的《节约能源法》又提高了众多产品的节能标准，目前已经经过 8 次修订，2006 年最后一次修订，严格地规定了能源消耗标准。1993 年制定了《合理用能及再生资源利用法》，提出政府将积极推进国内的节能工作和再生资源的有效利用。2006 年 5 月，日本经济产业省编制了以保障能源安全为核心的《新国家能源战略》，主要包括“节能基准先进计划”、未来运输用能计划、新能源创新计划、核能立国计划等，全面推动各项节能减排措施的实施。2009 年 5 月，日本公布《2008 财年能源白皮书》，将日本的能源消费结构从以石油为主向以太阳能和核能等非化石燃料为主转变。

日本应对气候变化行动起步比较早，一方面是为了保证能源安全、经济稳定发展，另一方面是为了改善国际形象和提升国际影响，更重要的是日本先进的节能和新能源利用技术可为日本在国际市场上创造巨大的商机。2008 年是日本围绕“低碳”出台法规、政策、技术、战略最多的一年。2008 年 7 月，日本政府在内阁会议上通过了《低碳社会行动计划》，该计划明确了量化目标、确定了行动日程、制定了政策措施，强调技术创新、制度变革以及生活方式转变的重要性，推出了建立碳交易制度、征收环境税、提高太阳能发电普及率、开发碳捕捉和封存技术、推行商品的“碳足迹”标注制度、提高电动汽车等新一代节能环保汽车的普及、开展环境示范城市活动等一系列具体措施。日本已计划在 2013 年 4 月启动强制性碳排放交易机制，将大型二氧化碳排放企业和商业楼宇囊括其中。2009 年 4 月，日本环境省公布了《绿色经济与社会变革》的政策草案，目的是通过实行减少温室气体排放等措施，强化日本的低碳经济。

4. 中国节能减排的政府规制措施

近三十年来，中国经济高速增长，城市化进程加快，由此引起大规模基础设施投资，在其推动下，钢铁等高耗能产业迅速发展起来。在可预见的未来，实现工业化，仍需要消耗大量能源，而我国人均能源储量远低于世界平均水平。我国人均能源消费量较低，导致对能源高需求的预期。同时，能源开发利用是环境主要的污染源。从现实角度看，节能减排是保持我国社会经济可持续发展的必然选择，而采取合理可行的节能减排政策则是实现节能减排目标的必由之路。

我国坚持节约资源、保护环境这一项基本国策，确立了“节约优先、立足国内、优化结构、保护环境和加强国际合作”的能源战略，陆续制定了一整套保障能源可持续供给、维护能源安全和节能减排的法律法规和政策文件。1989 年 12

月颁布并实施了《环境保护法》，意味着中国环境资源法律体系的构建开始朝着体系化的方向前进。1987 年制定了《大气污染防治法》，1995 年对这部法律作了修改，2000 年又对这部法律作出了修订。1997 年通过了《中华人民共和国节约能源法》，标志着我国的节能工作上升到法律高度。《节能法》出台之后，国家陆续颁布了《重点用能单位节能管理办法》《节约用电管理办法》等相关的配套法规。2003 年，为了促进清洁生产、提高资源利用效率、保护和改善环境，国家颁布了《中华人民共和国清洁生产促进法》和《中华人民共和国环境影响评价法》。2006 年 1 月 1 日，为了促进可再生能源的开发利用、保障能源安全、改善能源结构，国家颁布实施《中华人民共和国可再生能源法》。2006 年 2 月，国家发布了《中国节能技术政策大纲（2006）》。2008 年是出台节能减排法规较多的一年，陆续出台了修订后的《节能法》《循环经济促进法》《可再生资源法》《水污染防治法》等一批法律文件。与此同时，国务院也出台了《民用建筑节能条例》《公共机构节能条例》等行政法规以及《关于加强节能工作的决定》《节能减排综合性方案》等规范性文件。

从一个发展中国家的定位出发，我国在国际气候谈判中坚持《联合国气候变化公约》及其《京都议定书》的“共同但有区别的原则”，不承诺强制性减排，但我国一直以来积极采取行动，坚持自主减排，1992 年签署了《联合国气候变化框架公约》，1998 年签署了《京都议定书》，也是最早提出《应对气候变化国家方案》的发展中国家，同时把节能减排纳入国家中长期发展规划。

（二）节能减排政府经济措施的国际比较

节能减排政府经济措施是指政府通过财税、价格、金融等经济措施，把经济利益和经济责任有机结合起来，从利益关系上来调节、组织和管理节能减排活动。经济措施能影响生产经营的成本和收益，加大能源消耗的成本，降低耗能产品的利润，使高能耗、高污染的产品退出市场，有效地遏制高耗能、高污染行业的过快增长和盲目扩张，调整优化产业结构和产品结构。各国的经济措施手段主要包括财政、税收、金融及其他管理手段［如清洁发展机制（CDM）、合同能源管理、节能产品认证制度、自愿协议等］。

各国根据自己经济发展水平和市场经济成熟程度，分别采取适合本国国情的节能减排经济措施，典型的节能减排经济措施分类罗列如表 8－2：

表8-2　各国典型的节能减排经济措施

手段	德　国	美　国	日　本	中　国
财政	可再生能源价格补贴；能源投资补贴清单2009；太阳能电池政府补贴；用户补贴；可再生能源的应用补贴；投入资金保护森林；投入10亿欧元研发气候保护技术；政府绿色采购。	700亿美元财政补贴用于提高能源效率，发展新能源，发展低能耗汽车和发展清洁煤；废弃物处理产业化，能源之星的节能公益基金现金补贴。	促进办公大楼和住宅的低碳化补贴；300亿美元推进环境能源革新技术开发计划；节能技术、设备补助金制度；投资环境能源技术。	政府加大对节能和绿色产品的采购；节能减排资金纳入财政公共预算；加大对污水处理设施管网建设；设立可再生能源发展专项资金的补助；财政帮扶节能技术改造与创新。
税收	生态税（汽油、柴油、天然气）；废物收费；机动车税率按油耗分级；可再生能源不征收能源税；个人投资风电项目免征所得税。	环境税收（氯氟烃税、燃料税、高耗油车税环境收费、汽油税等）；煤炭税；开采税；垃圾控制税和垃圾税；能源之星标识产品税收减免；可再生能源减税；购买循环利用设备免征销售税。	节能技术、设备特别折旧制度；节能环保投资减税；环保车减免税；节能环保家电消费环保积分兑换消费券；石油煤炭税。	对节能产业和节能产品减税或免税；消费型增值税和加速节能生产设备和治污设备折旧；对节能减排相关技术的税收优惠；资源税、燃油税。
金融	10万太阳能屋顶计划优惠贷款；节能专项基金；节能项目低息、免息贷款。	节能基金、节能型产品抵押贷款、创新绿色金融产品和服务领域。	完善的绿色金融体系；特别会计制度即节能资金。	实行能源效率贷款；信贷政策加快结构调整；严格信贷政策遏制高耗能高污染行业过快增一长；可再生能源无偿资助和贷款贴息。
环境权交易制度	联邦环保局设立碳排放交易处：总量限制与交易机制。	清洁空气州际规划：二氧化硫、氮氧化物以及汞；芝加哥气候沪交易所：6种温室气体自愿的总量限制与交易机制；绿色交易所；区域减排计划（区域温室气体行动计划等）。	日本电力交易所筹备的日本实验排放交易体系启动；计划在2013年4月启动强制性碳排放交易机制，将大型二氧化碳排放企业和商业楼宇囊括其中。	“十二五”期间我国推进碳排放强制交易；北京环境交易所、上海环境能源交易所、天津排放权交易所、深圳排放权交易所、重庆联合产权交易所。

续表

手段	德　国	美　国	日　本	中　国
其他	“节能伙伴计划”行动；节能咨询机构；节能服务公司与合同能源管理；完善的能源统计体系；培养建筑节能专业人才；再生资源产业化；发挥行业协会在节能减排中的作用；清洁发展机制。	节能自愿协议；节能服务公司与合同能源管理；节能奖；电力需求侧管理；能源之星项目。	能源服务公司与合同能源管理；能源管理师制度；“节能活动推进协议会”；每年2月份召开表彰大会奖励节能先进企业；碳标签制度；清洁发展机制；领跑者制度；节能报告制度；“领先产品”能效基准制度。	中国清洁发展中心；节能服务公司与合同能源管理；清洁发展机制（CDM）；分时电价；节能减排贷款；节能产品认证。

1. 美国节能减排的经济措施

美国是典型的市场经济国家，其在解决资源环境问题上往往采用的是市场经济手段，主要有：以权利金为核心的资源税政策，包括矿产地租金、权利金、耗竭补贴政策等；排污权交易政策，由泡泡政策、补偿政策、排污量存储政策等；可再生能源配额政策；合同能源管理政策；循环性消费政策，等等。

美国最著名的能源之星（Energystar）项目，通过能源之星标识来向用户表明该产品的能耗性能指标获得了美国能源部（DOE）与环保署（E 队）的认可；同时，用户购买部分获得能源之星标识的产品将可以获得节能公益基金给予的资金返还。2009 年 2 月 17 日，美国经济振兴方案正式生效，其中，800 亿美元（以直接支出、贷款担保和税收刺激的方式实施）用于提高能源效率、发展新能源、发展低能耗汽车和发展清洁煤，有利于减少美国对国外石油的依赖性。

在财税激励措施方面，有现金补贴、税收减免等。具体包括：

（1）近年来美国联邦政府用于节能和新能源的投资预算大幅增加，为能源企业提供 146 亿美元减税额度，同时提供 50 亿美元补助，对交通运输、建筑、钢铁等部门每年提供 10 亿美元鼓励研发。2009 年美国的经济复苏和投资法案包括了 700 亿美元对清洁能源和能效项目的投资。

（2）对具有节能减排功能的产品给予部分税收的减免。对研究污染控制和生产污染替代品的企业予以减免所得税，对购买循环利用设备免征销售税。为私人住宅更新家庭大型耗能设施提供税收减免，购买太阳能设施 30% 的费用可用来抵税。

（3）为再生能源和工业联合发电提供税收优惠。

在金融政策方面，建立节能基金、提供低息贷款、创新绿色金融产品和服务领域。美国有21个州设有节能公益基金，通过提高2% ~3%的电价来筹集资金。大部分州对工业企业购买节能设备提供低息贷款。美国一些官方和商业贷款机构对节能型产品还提供抵押贷款服务，通过对此类产品提供优惠的低息贷款来鼓励节能产品的开发。

2. 德国节能减排的经济措施

德国是第一个对循环经济进行立法的国家，也是循环经济发展最为成熟的国家，在节能降耗方面走在世界的前列，认为资源利用是从垃圾开始，垃圾是放错了位置的资源。其经济政策主要包括：废物收费、生态税、押金抵押、废弃物处理产业化政策、建筑能源护照、政府绿色采购、对可再生能源生产补贴等。

在财税政策方面，德国最典型的是对可再生能源的补贴，联邦政府对可再生能源生产的价格补贴有严格的分类规则和金额计算方法，规定对风力发电、光伏发电和生物质发电等可再生能源发电的价格施行固定价格，对可再生能源领域投资和科研项目予以资助，以促进技术提升。1999年4月1日开始征收生态税，与环境相关的生态税费包括能源税（征收对象是汽油、柴油、天然气等传统能源产品）、电力税和汽车税，以及垃圾、污水处理费。德国生态税首先从征收矿物油税开始，1999年又推出电力税。德国从1990—1999年就大幅度提高燃油税税率，2000年到2003年陆续提高了电力税和汽车燃油税，并在2003年1月提高了取暖燃料税。2006年8月德国引入煤炭税。征收生态税的目的是降低能耗，鼓励新能源技术的研发并创造就业机会。生态税的制定加强了能源消耗的税收，在提高能源价格的同时，也提高了社会各界节能降耗的积极性，促进了各种节能技术的研发应用。2010年，德国政府批准征收航班旅客环境税，当年9月1日起正式生效。

在金融政策方面，德国信贷机构还推出了“二氧化碳减排项目”和新的“二氧化碳建筑改建项目”，对节能项目提供低息贷款。德国复兴信贷银行（KFW），包括其子公司德国投资开发公司（DEG）在内，为起步阶段的可再生能源产业发展做出了重要贡献，KFW面向可再生能源企业发放的利率优惠程度一般在50%左右。1998年至2002年间，KFW和DEG总共向可再生能源提供资金总额6.5亿欧元，这大致相当于所有德国能源项目融资总额的60%，占KFW融资业务的27%。从2003年至2006年，KFW和DEG面向可再生部门融资年均总额约1.3亿欧元。德国在排放交易市场上是市场领先者，德国政府还利用市场机制来调控企业和公民的日常行为。长时间的技术积累和领先的理念使其在减排温室气体、发展清洁技术等绿色呼声中游刃有余。

3. 日本节能减排的经济措施

日本国内能源匮乏，但其是世界第四大能源消费国和第二大能源进口国，因此历来重视节能减排，走资源节约与综合利用的道路。日本政府结合本国国情制定了有关政策，主要有：预算政策、税收政策、金融政策、产业政策等，以达到资源综合利用的目的。

在财税政策方面，日本制订和实施奖励性政策，经济产业省每年财政拨款380亿日元，对节能设备推广、示范项目实行补贴。精神奖励办法主要有定期发布节能产品目录，开展节能产品和技术评优活动，分别授予经济产业大臣奖、节能中心会长奖等，以调动企业的积极性。2007年5月，日本的经济产业省决定在未来5年投入2090亿日元用于发展清洁汽车技术，目的不仅要大大降低燃料消耗，还要降低温室气体的排放量。2008年1月，时任首相福田康夫在“达沃斯论坛”上提出“清凉地球推进构想”，宣布今后5年日本将投入300亿美元来推进“环境能源革新技术开发计划”，目的就是为了率先开发出减少碳排放的革新技术。为促进节能减排政策的落实，日本政府出台了特别折旧制度、补助金制度等多项财税优惠措施加以引导，鼓励企业开发节能技术、使用节能设备。

在金融政策方面，日本政策投资银行、中小企业金融公司等政策性银行对节能和资源再生利用设备更新改造与技术开发项目提供低息贷款，优惠贷款利率比商业银行低20%～30%，政府通过专项准备金提供贷款担保。特别会计制度，即在国家预算中安排专门的节能资金，用于支援企业节能和促进节能的技术研发等活动，该资金主要来源于国家征收的石油煤炭税。

日本政府制定了诸多有效的节能减排管理制度，比如工厂分类管理制度、能源管理师制度、“领跑者”制度、“领先产品”能效基准制度、碳标签制度等。

4. 中国节能减排的经济措施

对于节能减排工作，我国政府转变以往行政命令手段，将重点放在了适应市场经济体制的要求，引导节能减排面向新的市场机制转变，促进节能减排市场机制的良性发展，使市场机制逐步发挥对我国节能减排的主导作用。目前正在实施的财税等经济措施主要有：提供节能减排贷款优惠、严格控制高耗能行业贷款、节能产品税收减免、对可再生能源实行补贴、开征燃油税、加速折旧、提供节能基金等。

从财税政策来看，一是将节能减排所需资金纳入财政预算，财政预算中安排专门资金投资节能环保项目，采用补贴、奖励等方式，支持节能减排重点工程、高效节能产品和节能新技术推广；二是政府加大对节能和绿色产品的采购，按照节能环保产品采购目录进行招标，同时加大对节能产品的认证力度；三是中央财政设立可再生能源发展专项资金，与地方资源优势结合，重点支持风能、太阳能、生物质能源等可再生能源的开发利用；四是陆续出台绿色税收政策，目前我国已出台的支持节能减排的税收优惠政策包括：企业所得税减免和抵免优惠、增值税减免、汽车消费税和购置税调整、资源税改革、调整出口退税政策等。

从金融政策来看，一是实行能源效率贷款（也叫绿色贷款），引导银行加大对节能减排企业的信贷支持力度，支持清洁能源项目和节能改造项目；二是加快信贷政策结构调整，严格信贷政策、遏制高耗能行业过快增长。三是安排可再生能源发展专项资金对可再生能源提供无偿资助和贷款贴息。

同时我国借鉴国外成功案例，开展了一系列节能减排新机制的试点工作，如节能服务公司（ESCO）、合同能源管理、分时电价的试点，积极构建环境交易权交易制度等。

（三）节能减排管理措施优劣的国际比较

1. 发达国家节能减排管理措施优劣比较

综合分析发达国家的节能减排管理措施，可以归结为以下几个特点：

（1）完善的节能减排法律法规体系，操作性强的、明确而具体的法律条文，同时紧跟时代的步伐和科技的进步及时进行更新调整，使能源环保法规具有可操作性和符合现实需要，保证节能减排在实施的过程中始终有法可依；

（2）建立节能减排管理机构，对各机构职责进行设定，做到分工明确、权责分明，保证其高效运行。由于能源环境具有半公共产品的性质，需要政府职能部门主导，专业机构、民间组织作为辅助，才能使节能减排的法律、法规真正落到实处；

（3）节能减排管理方式多样化，既有政府规制手段，又有财政预算、税收调节、金融贷款支持等经济手段。发达国家都是以市场机制为基础，鼓励市场针对节能减排进行自我调节，发挥政府“有形之手”与市场“无形之手”的共同作用；

（4）政策导向上有奖有罚，既以财政补贴与税收减免的方式对高能效、低排放的企业和个人进行奖励，也对低能效、高排放的行为在市场准入与税费缴纳方面进行限制和惩罚，通过有差别的政策待遇进行引导；

（5）共同参与，政府、企业、第三方、民众合力推动节能减排。节能减排不仅是政府的责任，也是每个公民的义务。节能减排政策必须覆盖企业生产的各个流程——从设备的采购、使用到产品生产过程中能效环保标准的规范再到产品销售时对消费者消费观念的引导。

（6）重视节能减排的基础性工作，注重节能减排技术的研发、专业人才的培养、社会节能减排理念的引导，使节能减排工作长期、有效地发展。

但是，发达国家节能减排工作取得显著成效的同时，也存在局限：

其一是未能与全球的经济、社会发展模式结合起来，仅立足本国国内的利益，将高能耗、高污染产业大量地转移到发展中国家，使得高耗能设备在发展中国家继续使用，造成“锁定效应”，这并不能真正提高能源效率，只是转移本国国内生产成本。由于全世界面临的资源环境问题是共同的，具有全球扩散性，节能减排如果只在部分国家得到良好发展，那么其实施效果将会被其他国家的高能耗、高污染所抵消。

其二是部分发达国家推出的新能源、新环保技术研究计划缺乏细致周密的规划和部署，一些技术长期处于研发试验阶段，没有进入实际应用。有的技术虽然被推广到市场上，也是由于企业为了达到政府的规定或者为了享受政府的优惠政策而被动地应用新技术，因此这些企业非自愿接受的技术的实施效果会大打折扣。

其三是部分发达国家如美国、加拿大等在工业化过程中排放了大量温室气体，是气候变化重要的责任者，但出于自身利益，他们反对立即采取量化减排措施减缓气候变化，强调包括发展中国家在内的所有国家都有责任承担减排义务，实际上是对发展中国家发展权的限制。气候变化问题本质上是发展问题，发展问题的核心是人的平等发展。发达国家有义务加大减排力度，确保发展中国家的发展权利和发展空间，以支持发展中国家贫困状况的改善。

2. 中国与发达国家节能减排管理措施优劣的比较

在节能减排管理方式上，欧美等发达国家都以市场机制为基础，市场发挥主导作用，重视经济成本核算和对受影响企业和民众的补贴，而我国最重要的管理工具是目标责任制和问责制。在西方学者看来，税收、市场交易制度等是经典的经济管理手段，但是在单一制的中国，具有强大执行力的政府所出台的行政政策，不一定比税收等市场措施没有效率。中国特色社会主义市场经济，很多时候，行政命令或行政体制内的其他措施发挥的作用更为有效。随着中国市场经济的深化、公共管理的改进，我国以行政政策为主的管理模式向以行政规制与市场化相结合、强制性政策与鼓励性措施同时实施的模式转变，节能减排管理方式逐步与国际先进理念接轨。

但是，与发达国家相比，我国节能减排管理政策还存在很多不足：一是节能减排立法仍不健全，存在诸多法律空白，配套性法律法规不完善，法律未明确节能减排工作监督管理体制，导致主管机构的权限和职责不清晰；二是节能减排相关财税政策单一，惩罚性措施多于激励性措施，惩罚的力度也不够，在税制的设计上存在缺陷，资源税征收范围过窄，税率也较低，未能发挥税收的调节功能；三是节能减排宣传不够广泛，使得节能减排成为政府单方面的责任，未能充分调动企业和民众的积极性。

二、世界各国节能减排政策对我国的借鉴意义

通过对美国、日本、德国等国家的节能减排政策以及节能减排发展现状与发展趋势分析来看，各国均针对本国资源察赋、环境与气候变化事实、经济与技术水平以及国际气候变化行动形势确定了本国的节能减排政策。我国受社会经济发展水平的限制，不可能照搬照抄其他国家的经验，但各国的成功的举措对我国制定节能减排战略具有一定借鉴意义。

从美国节能减排政策看：坚持基于在未来能源需求的条件下，开发新的能源技术，坚持本国气候利益至上是美国节能减排政策的主要特点；制定国家新能源战略，引导企业研发先进技术，为占据技术制高点，美国将新能源技术的开发和应用作为第四次工业革命的起点；在气候变化问题上，充分考虑国家经济利益。

美国能源战略以及应对气候变化的行动，对我国的借鉴意义主要包括：

①把“提高能源利用效率”上升到“能源安全战略”的高度，加大能源技术研发的资金投入；

②以气候变化科学基础作为决策依据，充分认识气候变化的事实、影响和不确定性，采取确定、有效和低副作用的应对措施；

③美国的法律法规就能源消耗和污染标准进行严格、详细的限制，具有很强的制约力；

④在应对气候变化问题上，美国联邦系统一贯为州层面的政策创新提供施展的空间，使其在联邦的框架内继续发展创新性的项目。

从德国节能减排政策来看，强大的绿色技术作为经济的重要支撑德国是国际气候变化行动的积极倡导和推动者，节能减排理念已经深入普通公民的思想意识当中。同时大力发展绿色环保技术和可再生能源，其技术处于世界领先水平，为德国发展低碳经济抢占了先机。

德国的节能减排政策和成功实践，对我国具有重要的借鉴意义：

①灵活有效地利用经济调控手段进行市场引导，鼓励企业和部门对先进绿色技术的持续投入和快速发展，保持产业的低碳竞争力；

②通过直接的资金投入和税收、利息优惠政策，保证可再生能源的发展和环保产业化；

③推广绿色发展和低碳理念，提高公民的环保意识。

从日本节能减排政策看：坚持节能增效、大力发展核电和太阳能是日本节能减排政策的主要特点。日本充分认识到本国资源不足对其发展的制约，将节能增效与温室气体减排相结合，通过在生产和消费领域推广节能技术、发展可再生能源和开发利用新能源，满足了其经济发展对能源和动力的需求，并促进了其向低碳社会转型。

具体来看，日本值得我们借鉴的措施包括：

①长期坚持以低资源消耗、低成本和高效率为核心的技术拉动战略，加强新能源的开发和节能技术、设备的发展；

②设立专门机构、制定完备法律法规，顶层设计、垂直监管，各项政策也力求精细，制定相应的配套措施，提高政策的执行效率；

③积极宣传，号召全社会、全民的节能减排行动。积极鼓励民间组织和以家庭为单位的节能减排行动，而且在衣食住行等日常生活中逐步形成节能意识和行动。

三、我国节能减排建设的总体思路

节能减排对我国经济可持续发展具有深远意义，2016 年是“十三五”开局之年，节能降耗和污染减排目标更加细化、具体，节能减排任务更重。如何实现“十二五”规划所提出的节能减排指标，是我们面临的重大课题。

目前我国节能减排工作存在的问题主要包括：节能减排政策缺乏强制性的惩罚措施和监督手段，尤其对资源浪费、环境污染行为惩罚力度不够；财政支持力度不够，税收手段单一，调节面过窄，优惠政策缺乏系统化；资源价格形成机制不健全等。

针对我国节能减排工作中存在的问题，在借鉴发达国家在节能减排工作中取得的成功经验基础上，根据我国在世界产业分工中所处地位、现阶段社会经济技术发展水平以及我国能源消费结构等特点，设计我国节能减排建设总体思路：健全节能减排法律法规和标准，完善节能减排市场机制，加快推进节能减排技术进步，大力发展绿色产业和循环经济，实施多元化能源战略，把资源节约和环境保护贯穿于生产、流通、消费、建设各领域各环节，提升可持续发展能力。

四、我国节能减排建设的措施建议

（一）积极引进国外的能源与环保技术，并加强自主创新能力

欧美发达国家在能源与环保领域拥有很强的技术优势，并且积极发展低碳能源和新能源技术，抢占低碳经济发展的制高点。目前，一些国际技术先进的企业开始海外扩张，我们应抓住机遇，一方面通过合作引入、消化、吸收先进的低碳技术，跟踪世界最新技术成果，另一方面，不能被动地等待技术转让，要加大新能源和节能技术的开发和应用，变“制造”为“创造”，实现高起点跨越式发展，积极参与国际竞争。政府应加大节能减排技术的支持力度，加快建立以企业为主体、市场为导向、产学研相结合的技术创新体系，推动建立企业、科研院所和高校共同参与的创新战略联盟，促进科技成果向现实生产力转化。

首先，我国应加大资金投入，开发利用太阳能、风能、地热能、生物质能等可再生能源，依靠技术进步不断降低应用成本，切实解决新能源发电上网难题。加快研发先进太阳能、风电及核电等新能源设备和产品，拥有更多核心自主知识产权。

其次，注重节能和提高能效技术的研发，重点研究开发电力、冶金、化工、交通等主要高耗能行业的节能技术和高效能设备，商业和民用节能技术与设备，以及能源梯级综合利用技术等。

再次，有效开发利用一次能源，加快研发煤炭热电联产等新一代洁净煤技术，提高深海油勘探开采技术与装备水平，加大太阳能发电技术与热利用技术的开发力度，积极跟踪、组织研发氢能与核聚变等新型技术。

最后，加强气候变化机理、预测、影响研究以及人类的适应性研究，加快二氧化碳捕捉与封存技术、生物固碳以及各类工程固碳技术的研发，形成技术储备，为低碳转型提供有力的技术支撑。

（二）大力发展循环经济，推广清洁生产

循环经济把经济活动组织成一个“资源—产品—再生资源”的反馈式流程，其特征是低开采、高利用、低排放。循环经济在生产和消费过程中，以最小资源环境成本追求最大的经济效率和生态效益。循环经济的前提和本质是清洁生产，即追求物质和能源利用效率的最大化、废物产量的最小化。清洁生产的实质是采用预防污染的策略来减少污染物的产生和排放。我国将循环经济作为社会发展的

一项重大战略，在“十二五”规划纲要当中将“大力发展循环经济”单独列为一章，可见其重要性和历史使命。但是，我国循环经济发展还处在探索和示范推广阶段，需要借鉴国际先进经验，走出适合我国国情的发展之路。

一是要加快推行清洁生产，在农业、工业、建筑、商贸服务等重点领域推进清洁生产示范，按照循环经济要求规划、建设和改造各类产业园区，推动产业循环式组合，构筑链接循环的产业体系。

二是健全资源循环利用回收体系，完善再生资源回收的法律、标准和政策，加大从业人员的培训力度，规范再生资源回收市场，同时提高再生资源回收利用率，推进再生资源规模化利用和再制造产业发展。

三是建立健全垃圾分类回收制度，推进垃圾资源化利用和无害化处理。具体来说，要组建广泛的回收网络，制定垃圾分类原则，加强宣传和引导，这样不仅节约了资源，同时也变废为宝保护了环境。

四是加快垃圾回收利用技术的研发，目前世界上比较流行的垃圾能源化利用方法是垃圾焚烧发电，而我国在这一领域技术尚未成熟，因此要积极引进国外先进技术和进行自主研发，同时在燃烧过程中避免二次污染环境，使垃圾真正成为高效、清洁的“资源”。

（三）优化结构，发展绿色低碳产业

首先，优化能源结构，降低化石燃料的使用比例，加强清洁能源的开发利用，比如核电、水能、太阳能等。目前我国的能源结构是由我国的自然资源禀赋和新能源技术条件决定的，在未来相当长的一段时间内，以煤炭为主的能源结构状况基本不会改变。因而，更为可行的减碳方式是高效和清洁的利用煤炭资源，其中洁净煤技术将会发挥重要的作用。我国的天然气储备量和水资源丰富，但在能源消费总量中所占比重较小，而且水资源的使用率较低，这一领域有广阔的发展前景。

其次，调整产业结构，提高高耗能产业准入门槛，改善或淘汰落后产能，加快应用新技术、新材料、新工艺、新装备改造提升传统产业，促进产业升级，提高市场竞争能力。在具体行业方面，对冶金、化工、水泥、火电等高能耗和高污染行业进行规模准入，限制高能耗小企业的发展。

再次，大力发展高新技术产业和现代服务业。随着信息化、知识化的浪潮席卷全球，一国可以通过更多地依靠人才和科技创新以及制度的改进发展经济，鼓励企业增强新产品开发能力，提高产品技术含量和附加值，加快产品升级换代。提高技术密集型、知识密集型产业的比重，同时鼓励第三产业的发展，缓解产业结构调整过程中带来的就业压力。在具体行业方面，大力发展光电子、生物医

药、文化创意等低能耗、高附加值的行业，进而达到在保持经济增长速度的同时节约资源、减少环境有害物排放的效果。

（四）完善节能减排政策体系和激励约束机制

节能减排不仅与技术水平有关，还与制度建设能否跟得上密切相关。许多节能产品难以推广应用，主要是没有制度和政策扶持，应该通过完整的制度设计推进节能减排顺利开展。当前应该考虑以下几个方面：

第一，健全资源价格形成机制。我国一些资源性产品的价格未能充分反映资源稀缺程度和市场供求关系。理顺煤炭价格形成机制，适时推进水价和成品油价格市场化改革。实施有利于可再生能源和废弃物发电的电价政策。

第二，完善促进节能减排的财政政策。采用补助、奖励、转移支付、财政贴息等方式支持节能减排重点工程建设，鼓励节能产品研发和应用，加大节能减排管理新机制的推广，完善节能减排监督管理体系。研究并建设生态补偿机制，坚持“谁开发谁保护、谁受益谁补偿”的原则，加大财政转移支付中生态补偿的力度，探索区域间生态补偿方式。

第三，完善鼓励节能减排的税收政策。健全能源环境税收体系，完善税收种类，加大税收的奖惩力度，充分发挥税收的杠杆调节作用。具体来说，对发展低碳经济的企业给予减免、抵扣所得税或者增值税优惠政策；适当提高资源税税负，积极推进环境税费改革，加快研究开征环境税、碳税等新的环保税种。

第四，创新金融政策促进节能减排。我国要加快金融改革，建设由市场调节利率的金融体制，这样才能充分发挥金融政策的调节作用。商业银行应对贷款项目进行环境影响评价，限制对于高耗能高污染项目的贷款，扩大低消耗环保项目的贷款。创新信贷业务，设立与节能减排相关的投资基金，对节能减排项目进行投资。同时，借鉴国际碳交易市场的先进经验，构建和完善我国的碳交易市场，创新与碳排放权交易相关的碳金融产品。

第五，加强节能减排法制建设。资源环境保护必须建立在强有力的法制建设基础上。因此，必须完善节能减排法律法规体系，积极推进节约能源法、气候变化立法等行政法规的制定及修订工作。同时加快节能和环保标准的完善，如高耗能产品能耗国家标准、交通工具燃料消耗量限制标准，以促使节能减排工作逐步走上标准化、规范化轨道。

（五）完善节能减排市场机制，突出第三方服务

推行以市场机制为基础的节能减排新机制，改变节能减排领域“只有投入，

没有收入”的现象，使在节能减排方面表现优异的企业拥有新的赢利模式，激励更多的企业转变发展方式。但资源、环境产品大部分是特殊的公共产品，其供给与需求必须突破特殊产品产权界定难题，通过特殊的产权市场交易制度安排来完成，凸显特殊领域市场机制建设的特点。

因此，建设节能减排市场机制，首先，建立健全矿业权和排污权有偿使用制度，对能源、环境产权进行界定是节能减排市场化的前提；其次，构建资源环境交易机制和交易平台，规范发展探矿权、采矿权交易市场。扩大排污权交易试点，推动跨省交易，形成全国统一的交易市场，同时规范排污权交易价格行为。碳排放交易需要在系统研究的基础上进行试点，逐步形成可行的交易市场及支撑体系。再次，加快推行合同能源管理和电力需求侧管理，完善能效标识、节能产品认证体系，政府强制采购节能产品，大力推广先进节能技术和产品。

建设节能减排市场化机制还要强化第三方服务——节能服务公司。节能服务公司是基于合同能源管理机制运作的，以营利为直接目的的专业化企业实体。我国社会对节能的现实需求，使得节能服务行业迅速发展起来。我国需要建立比较完善的节能服务体系，发展壮大一批综合性大型节能服务公司，建立充满活力、特色鲜明、规范有序的节能服务市场。

（六）扩大宣传，大力倡导低碳理念

建设节能减排和推广低碳消费方式需要政府引导、企业主导、社会组织和公民的广泛参与，需要一点一滴积累，需要全社会行动，使低碳消费方式成为全社会认同的价值观。政府及学校等各种组织应当积极利用新闻、网络、广播、报纸、讲座等方式，广泛宣传节能减排的重要性、紧迫性以及节能减排科普知识，在生产生活各个方面都树立起低碳环保理念。

引导全社会树立文明、节约、绿色、低碳消费理念，建立绿色生活方式和消费模式，鼓励理性、适度消费。政府机构要起到带头示范作用，推行政府绿色采购，逐步提高节能、节水产品和再生利用产品比重，日常工作中要做到节能、节水、节电、节约纸张；企业在发展的同时要承担社会责任，积极参与低碳环保公益事业；全民行动起来，在衣食住行各个方面都节能减排，从我做起，从小事做起，如购买使用节能节水产品、节能环保型汽车和节能省地型住宅，充分利用公共交通设施，减少使用一次性用品，限制过度包装，分类存放可回收利用的生活垃圾等。

第九章　“十三五”期间中国区域“减源增汇”减排路径与可行性分析

碳汇（carbon sink）与碳源（carbon source）是大气生态碳循环中两个相对的概念，碳汇是指从大气中清除二氧化碳等导致温室效应的气体或他们初期形式的任何过程、活动与机制的碳源。1997 年《京都议定书》签订后，增汇效应已经获得国际社会的广泛承认，各国先后都相应开展了植树造林方面的碳汇项目，但是这些都没有充分考虑区域的环境资源限制、碳汇监测技术、社会制度等因素，利用区域之间生态系统在增汇生态效应的相互影响的作用，将碳汇的工具价值由生态价值扩展到经济价值。如今，整合碳汇资源，将碳汇资源有形化、产业化、货币化和市场化，使之真正进入我们的经济生活。目前，碳汇的生态价值已得到国际社会认可，甚至成为新的景荣工具与货币形态。在本文基于净碳排放的二氧化碳发展权分配框架下，中国各区域在进行技术减排的同时，可以进行跨区域碳汇投资，利用其经济价值将碳汇的生态价值最大化，实现从整体上缓解气候的恶化。

中国区域碳源汇人为调控的核心思想是：在碳源问题上，控制人类活动的温室气体的排放；在碳汇问题上，利用多方途径增加陆地植被，增加碳汇量；改变目前单一的碳源方面的减排路径，实现多途径的减排活动，缓解各地区因技术减排导致的经济、技术创新压力较大状况。

一、中国区域碳源汇平衡的技术路径

在基于净碳排放的二氧化碳发展权分配框架下，中国各区域可以通过降低碳源与增加碳汇的途径实行减排任务。在现有的科学技术条件下，中国各区域碳平衡调控包括三个主要的技术途径：减少能源活动的碳排放，跨区域增加陆地生态系统碳储量，人为二氧化碳捕获与封存。（见图9-1）

图9-1 基于净碳排放的二氧化碳发展权分配框架下的减排路径

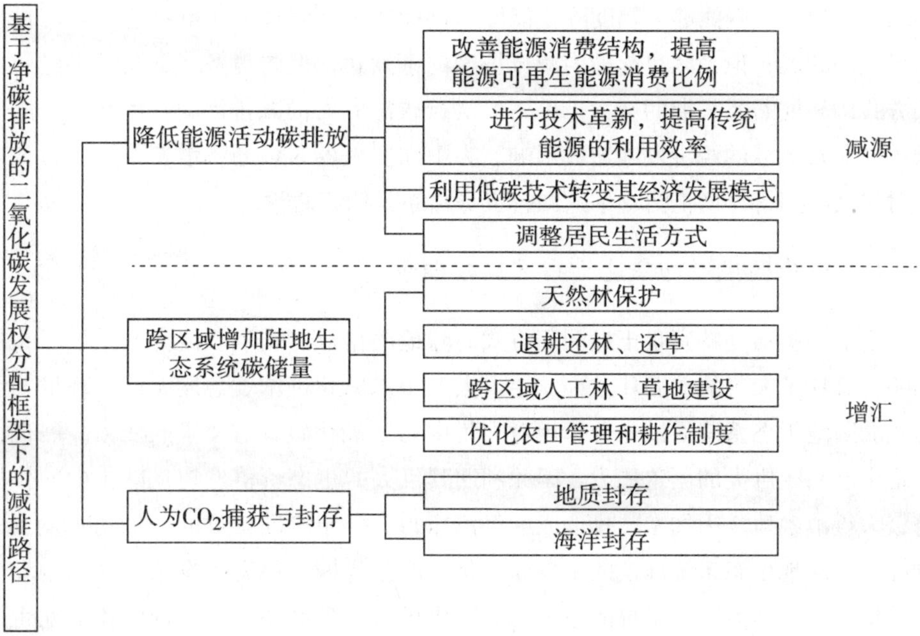

（一）降低能源活动碳排放

导致生态系统碳平衡被破坏的根本原因，是人类的工业生产以及其他活动的能源消耗所引起的大量的二氧化碳排放；因此，减少关于能源消耗的碳排放是从根源上解决缓解气候变化的主要路径，更是国际社会上最为注重的减排活动。它主要通过低碳技术的研发与推广、提高能源利用效率、调整能源消费结构、改善居民的生活方式与消费模式等实现单位产值的低二氧化碳排放，从碳源角度实现基于净碳排放的二氧化碳发展权框架下的减排目的。

目前，提高资源利用效率、发展低碳能源、提高可再生能源的比重是实现碳源减排最有效的途径之一。在目前现有的技术水平下，重点调整高能耗、高污染产业将极大提高减排效果；该项措施虽然符合当今时代发展趋势且具有前瞻性，但是对部分行业或者是某一区域的短期经济发展会造成一定的冲击，从而在推广中存在较大的经济阻力，减排力度达不到预期效果。其中，发展低碳能源与可再生能源是目前减排潜力较大的路径，但是前期研发所需大量的人力、物力及资金的投入，短时间内减排成本较大，目前无法大范围地替代价格低廉的传统能源，给碳源减排带来一定的困难。调整居民生活方式、践行绿色消费行为是节能减排活动中成本较低且效应较广的经济行为，但是在实际执行中因中国区域公民对低碳消费、生活方式理念的缺乏，以及对传统生活方式的惯性思维，造成减排效果不明显。因此，若能够大幅度降低能源活动碳排放，将极大缓解目前全球气候持续恶化的状况；但是因目前国内减排技术的不发达，低碳消费理念及低碳经济增长方式的转变需要长期的努力，单一的实行碳源方面的减排活动，势必会对国内相关产业及区域的经济发展造成影响。为中国国内各区域经济增长方式的转变赢取时间及空间，将增汇活动纳入减排义务体系是明智之举。

（二）跨区域增加陆地生态系统碳储量

当前人类活动特别是土地利用方式对陆地碳排放与碳吸收能力产生了巨大的影响，破坏了大气的碳循环过程，导致大气中二氧化碳浓度急剧升高，环境持续恶化。陆地生态系统通过光合作用对大气中的二氧化碳具有净吸收能力，展现了陆地生态系统巨大的固碳能力。因此利用其巨大的生态价值发挥在减排中的作用将极大缓解各地区因技术减排造成的经济压力。基于净碳排放的二氧化碳发展权分配下的陆地生态系统增汇的主要途径是：改善或恢复原有生态系统的结构和功能，优化区域陆地生态系统的空间布局等措施，实现区域乃至全国整体陆地生态系统碳储量的持续增长。目前国内外广泛推广的措施主要有：天然林保护、天然草地保护、退耕还林还草、人工林和人工草地建设、农田管理和农业耕作制度的优化等。

保护天然林和天然草地的途径对技术要求较低，可实施的面积较大，是目前增汇活动推广最广泛的途径之一。若区域资源丰富，如内蒙古、黑龙江等地拥有较大面积的天然与草地，可以强化其地理位置的优势，对天然资源进行碳汇管理，从一定程度上替代该区域的技术减排压力。退耕还林还草在短期内也能取得非常好的固碳效果，人工林和人工草地建设是被人们寄予厚望的途径之一，它可以快速提高特定区域的碳储量、实现固碳目的，因此区域面积较大且自然碳汇缺乏可通过人工碳汇的建设实现其碳汇贡献率的增长，缓解技术减排造成的经济压力。

优化农田管理和农田耕作制度可以减少陆地生态系统碳排放，具有很大的发展前景且推广性较强，各地区可以考虑本区域的农业优势，控制该区域在农业生产中所产生的二氧化碳排放量，发挥农田在碳汇中的生态价值，减少技术减排压力。部分地区因地域面积、环境资源等因素的限制，增汇活动受到一定的限制，考虑到区域之间生态系统在增汇生态效应的相互影响作用，可进行跨区域人工碳汇建设与管理，均衡地域间的碳汇差距，扩大整体的碳汇减排效应。

（三）人为二氧化碳捕获与封存

碳捕捉与碳封存技术（CSS）被视为短期内应对全球气候变化的重要措施之一。碳捕获与碳封存是指通过碳捕捉技术，将工业和有关能源产业所释放的二氧化碳分离出来，再通过碳储存将其输送并封存到海底或地质构造等与大气隔绝的地方。它分为地质封存和海洋碳封存。地质封存是指将二氧化碳注入深度800米以下的盐沼池构造或油气田构造内，通过各种物理与化学的俘获机理阻止其向地面移动。地质封存主要针对点源的人类二氧化碳排放，如油田、化学工厂、火力发电厂等，利用碳封存技术将捕获二氧化碳通过管道注入地表以下1～4公里的多孔岩层。化学工业利用二氧化碳来生产碳酸镁或二氧化碳包合物等固态物对二氧化碳进行储存或再利用；在生物技术上，利用非光合作用的微生物过程将二氧化碳转化成化工原料，如甲烷和醋酸盐。海洋封存有两种潜在的实施途径：一是经固定管道或移动船只将二氧化碳注入并溶解到水体中（以1000米以下最为典型）；另一种是经由固定的管道或安装在深度3000米以下的海床上的沿海平台将其沉淀，在该环境下，二氧化碳比水更为稠密并预计可形成一个二氧化碳“湖”，从而延缓二氧化碳向周围环境的分解与扩散。

因此，人为二氧化碳捕获与封存技术减排措施可以作为短期增汇建设措施之一，与跨区域陆地生态系统碳储量的增加措施共同作为各个区域碳减排的有效路径。各省市可以根据当地的环境、技术创新水平、经济发展水平，找到适合自身的减排路径，达到减排目的。

根据基于净碳排放量的二氧化碳发展权分配框架下的三种减排路径，要实现区域上的固碳量或碳减排量的最大化，其重要的技术途径包括以下三个方面：

一是如何选择和优化布局各种可能的碳汇与减排技术措施，通过组合措施来实现区域陆地生态系统增汇与减排目标的最大化。

二是如何科学制定适合本地发展的增汇与减源活动，保证其技术可行性和经济可行性。

三是如何在实施增汇措施时，依据区域内气候、生物要素、自然景观特点，因地制宜地调整生态系统格局，优化全国的整体区域陆地生态系统的空间布局，平衡各区域的生态系统碳库，实现全国整体陆地生态系统的协调、持续发展。

专栏9-1：我国推进碳捕集、利用与封存试点示范成果

2014年以来，国家发展和改革委员会与全球碳捕集与封存研究院合作主办“二氧化碳捕集技术、装备及产业发展现场研讨会”等活动，举办首届碳捕集、利用与封存技术与工程示范高级研修班，支持中国石油化工联合会、中石油、神华集团联合实施开展了大规模一体化碳捕集、利用与封存项目。环境保护部组织编制《二氧化碳捕集、利用与封存环境风险评估技术指南》（试行），提出二氧化碳捕集、利用与封存示范项目的环境风险评估方法。国土资源部初步完成417个盆地二氧化碳地质储存潜力与适应性评估，在内蒙古成功实施我国首个二氧化碳地质储存示范工程。

二、中国区域增汇减源措施的技术与经济可行性分析

（一）增汇减源措施的技术可行性分析

基于净碳排放的二氧化碳发展权分配下的增汇与减源措施的技术可行性是决定减排计划成败的基础。评价区域增汇与减源措施的技术可行性需要考虑以下四个方面的制约因素：

一是区域增汇减源措施的技术水平。各区域应依据自身的经济水平与科技条件寻求出适合本地实施的增汇与减源技术，在实现环境效应最大化的情况下将减排成本最小化，即在不牺牲经济发展的前提下实现区域减排效应的最大化。

二是区域增汇措施的环境适应性。跨区域增加陆地生态系统碳储量的措施应因地制宜，综合考虑地区的自然资源与环境等因素，遵循资源有效利用原则、可持续原则、易推广原则、整体空间布局平衡性原则，实现区域与整体的增汇效应的协同持久性。

三是跨区域增汇措施管理与监测。跨区域增加陆地生态系统碳储量的措施实践需要相应的技术统计途径与管理措施，以便统计各区域因本地环境资源的限制对国内其他区域进行的碳汇投资；若缺乏跨区域的增汇统计与管理办法与措施，各区域将缺乏碳汇投资的动力，导致基于增汇减源协调减排措施形同虚设，全国减排效果将大打折扣。

四是减源措施的推广过程中的社会环境适应性。在进行大规模推广减排技术的同时，应考虑现有的经济水平、社会机制、制度、法规和传统观念等因素。各区域的社会文化、消费理念具有一定的差异性，应根据本地的社会环境，做好低碳生活的宣传工作，提高公民、企业的节能减排与环境保护意识，这样才能使减排活动做到事半功倍。

（二）增汇减源措施的经济可行性分析

目前，国内外碳贸易市场中碳排放权交易市场已经建立，而碳汇市场仍未充分培育起来，碳增汇措施还难以纳入市场经济的调控范畴。因此，在选择具体减源增汇措施时，如不考虑减源增汇措施的成本、附加经济利益以及地方（或中央）政府财政支撑能力，再好的减排措施在推广时也将面临极大的困难。评价区域增汇与减源措施的经济可行性需要考虑以下三个方面的制约因素：

一是国家行为或国家财政收入的支持。各区域在进行减源增汇措施——尤其是属于资源和环境保护型的增汇措施时，在改善区域生态环境的同时实现碳汇增长，如实施退耕还林，退耕还草，森林、草地和湿地自然恢复等增汇活动，应当有一定的本地或中央政府与财政支持，否则将无法实施，减排效果大打折扣。

二是社会投入与政府补贴。增汇减源措施需要大量的前期资本投资，通过高投入（或牺牲当前利益）来换取将来的发展空间，以应对未来的碳贸易和各国减排需求，如单纯的速生林建设、采用清洁能源和施用抑制剂减少温室气体释放等措施。而这些措施需要政府鼓励大量的社会投资，保证增汇减源行动有广泛的社会基础。

三是经济利益的保证。在进行增汇减源措施过程中，要确保低成本、高环保收益。如进行碳排放限制时，应该有相应的财政补贴，保证任务能够得到实质性的履行。而在农林经营过程中，如森林和草地防火、山地水土保持、人工林轮伐、草地轮牧、保护性耕作、有机肥和秸秆还田等，要保证经济利益的前提下实现碳增汇。也可以通过增产与碳增汇兼容的管理措施，在农林业生产经营过程中，通过选育优质种子资源、肥力投入、合理的灌溉排水、森林经营管理和草地经营管理等，在实现增产、增收的前提下实现碳增汇。

三、中国区域人为增汇减源活动的管理措施

在区域人为增汇减源措施管理实践中，各种增汇减源技术措施，可以根据不同的管理目的、基准水平与潜力水平，组成丰富多彩的碳增汇减源概念体系及其碳汇组合。

（一）改良本地物种资源与空间结构

该途径通过更新或引入适当的优质植物种类，优化植物群落的物种组成或空间结构，提高生态系统净初级生产力，升价生态系统碳输入。例如：在植树的过程中，优先选用当地的优势树种，用混交林代替纯林，提倡乔木、灌木、草地相结合模式；在植树组合上采用长寿命—中寿命—短寿命植物种类、高中低植物种类相搭配的模式；在农业生产过程中，除选择优良品种外，还根据当地的气候与水肥特征，提倡间种、混种等模式。上述增汇措施不尽能发挥优良物种在净初级生产力方面的优势，还充分利用了生态位分化和生态补偿效应，提高了群落净初级生产力并使其长期维持在较高水平，从而实现碳储量的持续增长。

（二）调整区域本地能源消费结构，控制二氧化碳排放

通过调整区域消费结构与能源结构，降低获取粮食、木材、肉、蛋、奶和能源等因素导致的生态系统结构和功能被破坏与退化；同时，通过转变经济发展方式、优化能源结构等途径，并逐步引导人们形成绿色的消费方式与生活方式，达到减少碳排放的目的。

专栏9－2：我国能源结构优化进展

严格控制能源消费总量。2014 年 11 月，国务院印发《能源发展战略行动计划（2014—2020 年）》，明确提出 2020 年我国能源发展目标，实施煤炭消费减量替代，降低煤炭消费比重，京津冀鲁、长三角和珠三角等要削减区域煤炭消费总量。为贯彻落实《大气污染防治行动计划》，2014 年 12 月，国家发展和改革委员会会同有关部门印发《重点地区煤炭消费减量替代管理暂行办法》，对北京市、天津市、河北省、山东省、上海市、江苏省、浙江省以及广东省的珠三角地区提出煤炭消费减量替代工作目标及方案；2015 年 5 月，国家发展和改革委员会、环境保护部、国家能源局印发《加强大气污染治理重点城市煤炭消费总量控制工作方案》，提出“空气质量相对较差前 10 位城市煤炭消费总量较上一年度实现负增长”的目标。

加强化石能源清洁化利用。为推进煤炭清洁高效利用，2014 年 9 月，以国家发展和改革委员会等六部门令印发《商品煤质量管理暂行办法》，提

高煤炭质量和利用效率。2014 年 10 月，国家发展和改革委员会会同环境保护部、质检总局等印发《燃煤锅炉节能环保综合提升工程实施方案》，以保障燃煤锅炉安全经济运行、提高能效、减少污染物排放。为推动天然气利用步伐，2014 年 3 月，国家能源局印发《能源行业加强大气污染防治工作方案》，提出天然气增加供应的具体目标及任务。2014 年 4 月，国家发展和改革委员会印发《关于建立保障天然气稳定供应长效机制的若干意见》，提出保障天然气长期稳定供应的任务及措施。2014 年 7 月，国家能源局发布《关于规范煤制油、煤制天然气产业科学有序发展的通知》，规范煤制油煤制气项目并提出能源转化效率、能耗、二氧化碳排放等准入值。2014 年 11 月，国家发展和改革委员会会同有关部门发布了《天然气分布式能源示范项目实施细则》，进一步推动天然气分布式能源发展。2014 年，天然气表观消费量 1845 亿立方米，占一次能源消费比重接近 6%。2015 年 4 月，国家能源局印发《煤炭清洁高效利用行动计划（2015—2020 年）》，明确了科学调控煤炭生产总量和布局、加快发展煤炭清洁高效利用的目标和任务。

推动非化石能源发展。2014 年以来，国家发展和改革委员会、国家能源局等先后发布《关于完善抽水蓄能电站价格形成机制有关问题的通知》《关于进一步落实分布式光伏发电有关政策的通知》《关于做好 2015 年度风电并网消纳有关工作的通知》《可再生能源发展专项资金管理暂行办法》等政策文件，支撑可再生能源的发展。截至 2014 年年底，全国非化石能源占一次能源消费比重达到 11.2%，同比增加 1.4 个百分点；非化石能源发电装机占全部发电装机的 32.6%，同比提高 1.7 个百分点；其中，水电、并网风电、并网太阳能、核电装机同比分别增长 7.9%、25.9%、60.7%、37.0%。非化石能源发电量占全国发电总量的 24.6%，同比提高 2.3 个百分点，其中，水电、风电、太阳能、核电发电量同比分别增长 15.7%、10.1%、194.1%、19.5%。

加强火电机组的升级改造。2014 年 9 月，国家发展和改革委员会、环境保护部、国家能源局联合印发《煤电节能减排升级与改造行动计划（2014—2020 年）》，提出 2020 年电煤超过煤炭消费比重 60%，并对煤电机组供电煤耗提出明确要求。2014 年，火电机组清洁化水平得到进一步提升，除热电联产外，新建煤电机组几乎全部采用 60 万千瓦及以上超超临界参数的大机组，30 万千瓦及以上火电机组比例提高到 75.1%，全国 6000 千瓦及以上火电机组供电标准煤耗 319 克/千瓦时，同比下降 2 克/千瓦时，煤电机组供电煤耗继续保持世界先进水平。

（三）跨区域植物种植制度设计及其综合管理

各区域在履行增加跨区域生态系统碳储量时，若因本地的地域面积与资源环境的限制，可以投资中国其他各省市的碳汇建设，所做的碳汇贡献将作为基于净碳减排的二氧化碳发展权分配框架下的碳汇贡献。因此各区域应根据所跨区域的环境与植被树种的自身特点，在选择优良的作物品种前提下，配套进行适宜合理地种植管理监督制度。在增加整体的生态系统碳汇功能的同时，防止碳汇拥有权混乱，导致减排义务的履行出现机会主义现象。

（四）农田保护性耕作与综合管理

目前，农田粗放式耕作措施，增加了陆地生态系统的碳损失，导致了碳失汇。农田是陆地生态系统中不可忽视的碳汇与碳库，但是人类如果进行不合理的利用也可能将碳汇变为巨大的碳源。在目前国内工业规模化技术未进行革新的情况下，减少农业活动中的人为碳排放将是最有效的减排手段之一。对部分农田进行保护性耕作、机械免耕、秸秆还田、有机施肥等措施，提高农田生态系统的碳汇效应，通过合理的耕作制度与方式，提高各种农作物对资源的利用效率，增加生产力，从而提高农田的碳吸收能力，达到发展农业与保护环境的双赢目的。

专栏9－3：我国农业生产适应气候变化进展

加快促进农业生产方式转变和现代化建设。2014年以来，农业部会同中国气象局制定《应对厄尔尼诺现象实现抗灾夺丰收预案》等4个工作预案，下发18个防灾通知，提早落实防御措施，组织开展“加强指导服务再夺夏粮丰收”“东北抗春旱春涝保春播”两大攻坚战和“强化服务科学抗灾夺取秋粮丰收行动”。

推进保护性耕作。2014年，农业部投资3000万元在多个地区开展保护性耕作，实施项目县84个、试验监测基地10个。截至2014年年底，全国机械化秸秆还田面积达6.47亿亩，保护性耕作面积达1.29亿亩，减少农田风蚀6450万吨。继续开展农田基本建设。加强土壤培肥改良，开展“到2020年农药使用零增长行动”和“到2020年化肥使用零增长行动”等工作，大力推广节水灌溉、旱作农业、抗旱保墒、测土配方施肥和绿色防控等技术，继续推进东北节水增粮、西北节水增效、华北节水压采、西南“五小水利”工程以及南方地区节水减排工程建设。

加快农田水利建设。2014 年国家安排农田水利建设资金 540 多亿元，共开展 22 个省区 188 处大型灌区续建配套与节水改造项目建设，续建、改建骨干渠道长度 4432 公里，配套改造建筑物 16121 座；更新改造 74 处大型灌溉排水泵站，开展 120 个规模化节水灌溉增效示范项目和 63 个牧区节水灌溉示范项目建设。

（五）碳捕获与封存（CCS）技术利用

IEA 预测，在未来的几十年内化石燃料还将保持其主导地位。新研发的二氧化碳的捕获与封存技术可以极大地降低来自发电、工业和综合性运输燃料生产所排放的二氧化碳。在煤炭和天然气利用环节，通过此项技术二氧化碳的排放量可以降低为零。在石油回收环节，二氧化碳的捕获技术开发较早，目前成本最低，甚至在某些条件下可以忽略。由于成本较高，碳捕获与封存技术在其他方面还没有应用实例，但是此技术仍然在深入研究中，预计 2030 年此技术对应每吨二氧化碳的成本将低于 25 美元。碳捕获与封存技术在煤炭发电厂有强大的二氧化碳减排潜力。目前采用更加高效的煤炭燃烧技术可以提高电厂效率，比如超超临界燃烧技术在使用规模上相比其他技术已经有较大的优势，该项技术将来更容易与二氧化碳捕获与封存技术结合，在减少二氧化碳排放的情况下可以大大降低发电成本。因此各区域可以结合本区域的减排经济实力，在经济实力较为雄厚的情况下，利用碳捕获与封存技术进行部分减排。

（六）退化生态系统的恢复

目前，长期过度开发或不合理的利用已经导致中国大部分自然生态系统处于不同程度的退化状态，伴随而来的是生产力低下，生态系统服务功能下降，微生物分解和风、水蚀等造成的大量碳流失。针对不同的退化类型和不同的退化程度的生态系统，应该采用不同的应对策略进行修复。例如，对重度退化的生态系统，首先应通过人工加自然途径，尽快恢复或重建原有植被，在通过其他辅助方法提高生产力、增加生态系统碳储量；对轻度和中度退化的生态系统，应采用减少干扰、建立合理利用和抚育制度等措施促进生态系统恢复，在提高生产力的同时降低土壤有机质分解速率、减少水蚀和风蚀等造成的碳流失，逐渐增加生态系统碳储量。

专栏9-4：森林碳汇

2014年以来，国家林业局组织编制《林业应对气候变化“十三五”行动要点》，制定印发2014年和2015年林业应对气候变化重点工作安排与分工方案。加强京津冀蒙生态林业建设和旱区造林绿化。继续推进三北及长江流域等防护林体系建设工程，出台退化防护林改造指导意见，启动退化防护林更新改造试点。全面加强森林经营，修订颁布森林抚育规程、作业设计规定和检查验收办法，稳步推进全国森林经营样板基地建设，启动了新一轮森林可持续经营试点。正式启动新一轮退耕还林还草工程，2014—2015年累计安排退耕还林还草任务1500万亩、荒山荒地造林任务100万亩。积极推进国家储备林建设，2014年划定国家储备林1500万亩。2014年，全国共完成造林8324万亩、森林抚育1.35亿亩。2015年上半年，全国共完成造林5437万亩，占全年计划的57%；完成森林抚育0.63亿亩，占全年计划的60%。

在各方的共同努力下，2014年单位GDP二氧化碳排放同比下降6.1%，比2010年累计下降15.8%，“十二五”有望超额完成下降17%的目标，为应对全球气候变化做出了实实在在的贡献。

第十章 “十三五”期间我国应对气候变化的策略分析

应对气候变化任重而道远，需要全社会付出持之以恒的努力。“十三五”时期是中国全面建成小康社会的决胜阶段，也是大力推进生态文明建设和促进绿色低碳发展的重要战略机遇期。中国政府将在全面总结“十二五”应对气候变化成效的基础上，研究确定“十三五”应对气候变化目标任务，确保完成中国控制温室气体排放2020年行动目标，为实现2030年左右达到排放峰值奠定良好基础。加快推进全社会绿色低碳转型，倒逼发展方式转变，积极推动气候变化国际谈判进程，继续推进气候变化多双边对话交流与务实合作，为应对全球气候变化做出新的重要贡献。

一、气候变化国际谈判应对策略

当前，国际上应对气候变化问题再度升温，形势和格局更加复杂多变，各方博弈可能再度激化，同时，对加强合作的呼声也有所提高。今后两年，国际谈判进程将可能继哥本哈根会议之后进入新一轮的高潮。

2013年9月，政府间气候变化专门委员会（IPCC）第五次报告第一工作组报告出炉，得出人类活动对气候变化影响更明确的结论。2013年11月，在波兰华沙会议上各方立场严重分歧，一些发达国家（日本、澳大利亚等）立场严重倒退。经过努力，华沙会议最后达成“各方均不满意，但可接受”的协议。联合国于2014年9月召开气候变化首脑高级别峰会，各国政要均出席，并发表立场讲话。按照国际的预期，2015年，“德班平台”已达成协议，为2020年之后的国际制度安排和法律约束力问题形成新的决议。

气候变化问题已远远超出科学研究的范畴，它影响到经济运行模式乃至利益格局和地缘关系。应对气候变化道义的理念是减缓地球的温升，而实质的措施是减少化石能源的使用以减少二氧化碳的排放，进而影响到能源安全和经济结构调整。这一背景下的国际谈判，就是要解决国际上排放空间的分配制度及各国的责任、义务和角色定位。因此，在这个关键时期，必须要有明确的策略和选择。

（一）应对气候变化为契机的世界经济结构大转型

气候变化问题的实质是能源问题，也预示着发展道路转型的方向性问题。目前，以“绿色能源”和“云技术”为基本标志的工业革命正在世界范围内形成，它将会深刻影响经济的生产方式，重组产业格局和竞争格局，它也将深刻改变人民的生活方式和社会组织形式，带动一系列的变革。

面对全球范围资源约束趋紧、环境污染严重、生态系统退化的严峻形势，绿色发展已成为必然方向，可再生能源将逐渐在能源系统中扮演主导角色，推进人类的生存与自然环境的和谐。通过网络链接的新能源体系，将推动社会经济对时间、空间重新定位，“分布式”格局将与“全球化”相辅相成，进而避免了传统的垄断而造成的脆弱性，形成更加安全、稳定的社会形式，并成为国际竞争力的重要标志。

未来20年，是世界范围内新一轮工业革命的成长、发育期，是国际经济社会发展转型、世界地缘格局重组关键期，也是改变国际竞争规则与产业重新洗牌的时期。积极主动应对气候变化，将对传统的规模扩张模式产生本质性的改革，对各领域的发展产生颠覆式的影响，对国际地位与形象进行新的定位。

中国正处于工业化的中期，应对气候变化也是中国发展阶段的内在需求。首先，应对气候变化与空气污染治理问题同根、同源，即在过度消耗化石能源的同时，既排放了大量的二氧化碳，同时也排放出大量的污染物。解决环境污染问题已成为中国迫在眉睫的内需，最直接的民生问题，不可忽视。再有，中国目前的经济发展方式已经进入关键的转型期，如2012年，中国的单位GDP能耗超过世界的平均水平，是美国的2.5倍，是日本的4倍，说明中国粗放的发展模式和能源利用效率低问题已成为进一步发展的制约和障碍，必须要从根本上改变。还有，中国的能源安全问题也应有长远谋划。2012年，中国的石油进口的依赖度达58%，天然气进口依赖度达29%。中国已从煤炭的净出口国转为净进口国，2012年进口量达2.7亿吨。今后，能源的依赖程度还有可能增加。中国目前处理的许多国际问题，如东海、南海、缅甸、中亚等均与能源运输通道有关。因此，中国需要以应对气候变化为契机，走低碳发展道路既解决自身的能源安全问题又作好在世界新能源技术和市场布局的准备。

与20多年前气候变化谈判时的背景不同，中国现在的经济状况及在世界所处位置已发生了巨大变化。预计到2020年之后，中国经济水平将与发达国家相当，将参与更多的国际事务、发挥更大的作用，承担更加公正的国际责任。应对气候变化将是国际上长期延续的重要议题，关系到今后世界的经济和政治格局。中国要以此为契机，实现国内和国际的双重转型，在国内形成新的发展动力和机会，在国际上增加话语权，在世界事务中发挥作用。

（二）国际气候变化谈判正处于转型和换阶段

目前，国际气候变化谈判已逐渐从“联合国气候变化框架公约”和“京都议定书”的双轨制转向“德班平台”阶段。德班平台在2015年的法国会议上达成协议，涉及2020年之后的应对气候变化国际制度安排，其基本原则是具有法律约束力，并由所有国家参与，其基本内容包括减缓、适应、资金、技术、透明度和能力建设。

2014年和2015年的国际谈判将是关键或艰苦的。从各种迹象看，各利益集团都在对德班平台进行不同的解读，较量才刚刚开始。中国的语境和今后的利益关系也会有许多方面的转换。

1. 关于“共同但有区别的责任”原则与“毕业”问题

中国在历来的谈判中，均坚决站在发展中国家的立场，强调发达国家工业化起步早、二氧化碳的历史累计排放量巨大，因此发达国家必须实现减排，并为发展中国家提供技术和资金的支持。

改革开放以来，中国的经济持续快速增长，取得了举世瞩目的成就。1990年，中国的人均二氧化碳排放仅占世界平均水平的1/4，2000年时，为1/2，2010年则超过了世界平均水平。从2007年起，中国的二氧化碳排放量超过美国，为世界第一，2012年达到美国的145%。自2005年以来，中国二氧化碳排放的增量占世界的70%左右。如按这种趋势发展下去，至2015年，中国的排放总量会达到欧美的总合，至2020年，则会达到OECD国家的总合。中国在全球范围的应对气候变化问题上，已逐渐失去弱者的位置，对发达国家施压的底气渐显不足。相反，发达国家可能借题发挥，对中国施压，乃至于过去处于同一战线的发展中国家也对中国颇有微词。

中国长期以来坚持“共区”原则就是要明确在世界范围内两大阵营的划分，中国将长期处于社会主义初期阶段，与发展中国家的共同利益也会保持一致。目前在国际谈判中，“共区”责任的焦点是：一是如何对“共区”原则进行解读。

“共区”责任应该是在“共同”做出贡献的基础上，更多体现历史事实、发展阶段特点以及各自能力等方面的“区别”。二是发展中国家的“毕业”问题。对于该问题，目前缺少国际上的标准。1990年前后的标准，是以人均GDP超过12000美元来划分的，但是并没有全面推行。按此标准，中国在2020年之后将达到这个标准。20世纪末，联合国又以人类发展指数（教育年限、预期寿命和生活水平）来划分，2012年中国的人类发展指数在全球187个国家中处于第101位，中国要“毕业”还要经历相当长的时间。西方发达国家提出的毕业问题与我们坚持的“共区”原则影响不大。

鉴于中国目前的排放总量和增量巨大，发达国家有可能以人均GDP来解释“毕业”问题，中国将面临巨大的压力。为避免中国被推到“前台”，成为“共区责任”的主要责任一方而造成被动，中国下一步对发达国家的施压态势应适度放缓，防止把现在努力的后果在今后套在自己的身上。中国可采取突出指标划定的原则和进行五年为周期的动态评估机制，以及要对先发达国家和后发达国家有所区别。从气候谈判历史来看，发达国家承担的减排责任都是国内减排行动，实质性的资金和技术贡献很少。如果中国真正进入发达国家行列，压力主要还是国内结构调整。“毕业”问题并不是我们坚持“共区”原则的巨大障碍。

2. 关于谈判的阵营基础

中国历来的气候变化谈判均以代表发展中国家的“G77 + 中国”为基础，维护发展中国家利益，并做出了贡献。但是，由于经济、政治背景和诉求的差异，发展中国家的一致性已出现分化，西方发达国家的拉拢使得一些国家摇摆不定，甚至于在关键时刻“放水”，起到反作用。“G77 + 中国”在德班平台谈判中仍会保持其形式，但作用会有限。近期形成的立场相近的发展中国家集团（LMDC）很活跃，也发挥了一些作用，但是这些国家的国际影响力和声誉并不能保证成为长期的合作伙伴。

由巴西、南非、印度和中国组成的基础四国（BASIC），均属于新兴工业化国家，经济发展阶段和利益相对接近，在以往的谈判中是不可忽视的力量。西方发达国家从18世纪开始了工业革命，并以殖民的方式获取资源。二战之后，国际的经济市场和政治格局也基本奠定，即世界由发达国家的10亿人口所左右。自20世纪80年代开始，新兴工业化国家崛起，这个具有30亿人口的集团需要冲破固化了的格局，谋求发展出路，就必然会受到传统势力的排斥和挤压。在气候变化问题上，争取发展机会、争取排放空间、争取国际规则重组则成为基础四国的共同利益所在。因此，维系基础四国的合作至关重要。

由中国的发展阶段所决定，今后中国的一些利益关系将与现在的发达国家趋同。谈判中则要把握矛盾与合作的平衡，既顾及当前，又考虑长远，在欧盟集团和以美国为首的“伞形集团”之间斡旋。

3. 关于“峰值”问题

在2009年哥本哈根气候大会上，国际上达成共识：至2050年，温室气体排放在1990年基础上减半，至2100年，全球共同努力，把温升控制在2摄氏度以内。为实现这一共识，必然会涉及全球排放峰值的时间问题。西方发达国家完成了后工业化阶段，大部分发达国家已达到峰值，排放水平逐渐下降。这一状况多少增加了其话语的权重。

许多国家明确表示：中国排放的增量，抵消了许多国家减排的努力；中国实现峰值，世界才能实现峰值。今后两年，德班平台谈判的焦点可能会集中到中国的排放峰值时间表上。中国如果采取回避的政策，结果会导致国际形象与国家软实力的损害。根据中国国内结构调整和转型的态势，中国的排放峰值将在不远的将来出现，所以中国抛出峰值问题时间表的时机基本成熟。

2009年哥本哈根会议上中国提出“4045目标”后，西方国家曾指责中国提出的目标偏低，这种“说三道四”并不影响宏观上固化中国的排放目标问题，中国提出峰值目标之后也会出现类似的问题，但改变不了国际上的整体认可，并起到锁定目标作用。

4. 关于“国际气候金融体系和技术体系”问题

国际气候变化谈判的背后含义是：全球范围能源和经济转型之后，将由谁来引领世界新兴的金融体系和技术体系。欧盟一直没有放松对今后碳市场的规则掌控权，认为碳市场将是继货币、股权、期货市场之后新的金融体系。美国在2013年发布的应对气候变化国家方案中，明确要在新能源技术方面保持领导地位，以先进的技术获取国际市场份额。

在过去的谈判中，发达国家对应承担的资金和技术义务表现消极，反而以此为由头，分化发展中国家，而且在长期资金、绿色气候基金的机构设置和运行机制方面大做文章，在技术转移方面强调市场机制，淡化发达国家的出资和技术转移义务，强化出资者的主导地位。

一些发展中国家希望从发达国家无偿获得资金和技术只是良好愿望，发达国家希望以资金和技术为题，建立新的技术和资金国际制度才是实质。目前，中国作为发展中国家，没有出资义务。从长远考虑，中国需要在新的国际制度中发挥作用，获得与地位相当的话语权，就应及早介入国际规则制定过程，以避免后期介入产生的被抬高“门槛”的尴尬。因此，中国在绿色气候基金的启动之初就应该考虑及早介入问题，有条件地出钱并逐渐扩大影响。应对气候变化的技术是多种多样的，中国在某些高端领域的技术并不落后于发达国家，中国的适应技术与许多发展中国家的背景相似，具有短平快（用钱少、易掌握、见效快）特点，有中国特色的技术优势，也应该通过有效的组织促进中国与发展中国家的关系。资金和技术问题既是目前对发达国家施压的手段，也是中国今后在国际关系中的一张牌。

（三）气候变化国际谈判的策略选择建议

德班平台谈判已进入实质性阶段，不管各国对前期工作如何解读，但最终落实到协议之中的结果才能发挥效力，这关系到未来新的国际规则，各国的经济发展空间及国际政治格局。中国地位与角色处于转换过程，谈判策略也需要调整。

1. “快刀斩乱麻”，采取积极态度，争取尽快达成协议

中国正处于结构调整、转型升级的过渡期，工业化后半阶段的惯性仍会延续一段时间，化石燃料使用还会有所增加。近期，国际上对中国的发展中国家属性有质疑，把中国二氧化碳排放的总量和增量作为攻击的说辞，要求中国承担更多的减排责任。今后一段时间，中国的排放还会增加，在这一背景下，尽快达成类似于《坎昆协议》的宽松、灵活、包容的减排机制，会减少拖延所造成的更大压力。中国采取积极的应对态度，促成了2015年德班平台协议的达成。

2. “移花接木”，变对立为合作，提出并争取把低碳发展务实合作纳入德班平台谈判内容

过去的气候变化谈判，多以对立和矛盾为基调，争论与讨价还价持续不断。中国可高举发展、合作、共赢的旗帜，疏导气候变化国际关系的紧张氛围，通过扩大利益共同点来转移化解对我可能的压力，况且提出合作问题各方均不会反对。中国在国际气候变化的务实合作行动方面已经有较好基础，一方面，建议中国力推务实合作行动成为德班平台谈判的议题之一，另一方面，中国先从科技继而从官方提出低碳国际合作方案，推动多边、双边的务实行动。

3. “先入为主”，全方位释放压力，在适当时机对外公布中国“排放峰值”的时间表

许多国家表示，世界排放峰值的时间取决于中国。欧盟及小岛国提出2020年达到全球范围峰值也是不现实的。中国在哥本哈根会议上宣布了减排强度的国家目标，为中国2020年前的发展固化了空间，并得到国际的赞誉。作为第一排放大国，在国际舆论已把中国推到“前台”和“守势”的情况下，中国公布“排放峰值”时间表，也会赢得主动，避免被动接受要求、被迫选择的局面出现，并为2030年前的发展空间奠定基础。自2010年以来，中国政府在已组织的“排放峰值”论证基础上，通过官方发布中国的峰值时间表，并在2014年9月的联合国气候变化峰会上发布，同时为促进德班平台协议的达成增加中国筹码。中国的峰值时间表只公布峰值时间，没有公布峰值排放总量。同时，也提出了中国峰值期的人均排放不超过发达国家的同期水平，中国工业化之后达到峰值的时间比发达国家要短，但发达国家达到峰值的时间也很不一致。

4. “因势利导”，权衡利益，处理好复杂的大国关系

实践表明，解决气候变化主要靠大国的行动。基础四国、欧盟和以美国为首的“伞形国家”起到至关重要作用。运筹大国关系关乎成败，中国在气候变化问题上，要始终坚持在联合国框架公约下的多边机制，不采取任何的单边“站队”。要借助美国希望与中国加强气候变化合作的新动向，为德班平台定下“自主承诺+审评”基调，但要防止严格评审；与欧盟加强技术和低碳发展机制方面的对话、交流合作，避免其过激的要求；与巴西、南非、印度紧密协调，捆绑立场，推动德班平台绝对量化减排、相对强度减排、行业减排、项目减排等多种行动，体现根据历史责任、发展阶段和各自能力为基础的“共同但有区别责任”原则，建立全球气候治理公平的政策、经济秩序。同时，中国需要对大国加强研究，适当时机还可利用“二轨”对话，加强与欧美大国在气候变化问题上的沟通。

5. 突出中国特色，在“南南合作”方面创新机制并大幅增加投入力度

中国仍属于发展中国家，要继续维护发展中国家的利益和团结，但也应正视发展中国家阵营不断分化的事实。“南南合作”是团结发展中国家有效、实惠的“利器”。过去三年来，中国已经投入2亿元人民币，用于向发展中国家赠送节能低碳产品以及培训官员和技术人员，尽管范围有限，但反映良好。从长远来看，中国要大幅增加“南南合作”的强度，以基金管理的方式加强“南南合作”的针对性，如支持会议、活动、设施以及人员参与国际活动的费用，同时，也可以加强与世行、亚行、UNDP等国际机构的合作，共同开展应对气候变化的“南南合作”，并逐步扩展社会资金的参与。

建议商务部和中国红十字会进入国家应对气候变化领导小组，在“南南合作”机制创新方面发挥更大作用。

6. “打铁还要自身硬”，中国结构调整、转型就是打造未来的国际竞争力

中国的传统资源禀赋不足，经济在全球产业链中仍处于中下端，工业化、城镇化进程还未完成。面对世界范围新一轮工业革命的兴起，中国的选择就是实现跨越式发展。气候变化国际谈判的目的是为建立合理的国际气候制度，控制温室气体排放，避免气候变化走到灾变的临界点，引导全人类走绿色低碳发展。要充分洞察气候变化问题带来的风险，分析新技术与市场、新的金融体系、新的贸易标准制定、新的国家能源安全系统对世界经济产生的影响。把中国自己的环境治理、经济治理和社会治理问题做好、做扎实，就有底气，就硬气。中国定会抓住新的机遇，造福于百姓，实现中华民族的伟大复兴。

总之，“十三五”期间是国际气候变化谈判的关键期。德班平台将形成新的国际制度，中国在这一制度下的角色定位将较过去有所不同。我们必须有所准备。

专栏 10－1：积极推动国际气候谈判

2014 年以来，中国广泛参与全球气候治理，继续积极参与应对气候变化国际谈判，加强与各国在气候变化领域的多层次磋商与对话，为推动巴黎会议如期达成协议，建立公平、合理和共赢的 2020 年后全球应对气候变化机制做出积极贡献。

（一）积极参加联合国进程下的国际谈判

坚定维护《联合国气候变化框架公约》的原则和框架，坚持公平原则、“共同但有区别的责任”原则和各自能力原则，遵循缔约方主导、公开透明、广泛参与和协商一致的多边谈判规则。

2014 年 12 月，中国政府组团出席联合国气候变化利马会议，代表团积极建设性参与谈判，促进各方凝聚共识，同时积极宣传介绍中国应对气候变化的政策行动，为会议取得成功做出了重要贡献。2015 年，中国政府组织参加了公约下各次谈判会议，加强与各方沟通交流，旨在与各方一道推动 2015 年巴黎会议如期达成协议，构建 2020 年后公平合理、合作共赢的全球气候治理体系。

2015 年 6 月 30 日，中国政府向联合国气候变化框架公约秘书处提交应对气候变化国家自主贡献文件《强化应对气候变化行动——中国国家自主贡献》，明确提出于 2030 年左右二氧化碳排放达到峰值，到 2030 年非化石能源占一次能源消费比重提高到 20% 左右，2030 年单位国内生产总值二氧化碳排放比 2005 年下降 60% ~65%，森林蓄积量比 2005 年增加 45 亿立方米左右，全面提高适应气候变化能力等强化行动目标。同时系统阐释实现上述目标的路径和政策措施，充分体现了中国强化行动的透明度，为增强各方对多边进程的信心、推动巴黎会议如期达成有力度的成果做出积极贡献。

（二）积极参与其他多边进程

积极参与气候变化谈判相关国际进程。中国领导人积极参与多边外交活动，多次发表重要讲话，与各国元首达成共识，推动多边进程。2014 年 9 月，国务院副总理张高丽作为习近平主席特使出席联合国气候峰会并发表重要讲话，介绍我国应对气候变化的行动目标和加大“南南合作”资金支持力度的举措，就 2020 年后应对气候变化行动做出政治宣示。积极参与政府间气候变化专门委员会（IPCC）评估报告编制和未来规划工作，完成了 IPCC 第五次评估报告成果解读、科普宣讲工作，增强了我参与国际治理的科技支撑能力和话语权。

加强与各国磋商和对话。努力加强“基础四国”和“立场相近发展中国家”沟通协调，维护发展中国家团结和共同利益，主办或参加“基础四国”部长级会议，主办“立场相近发展中国家”北京会议并积极参加历次“立场相近发展中国家”协调会。继续加强与小岛国、最不发达国家和非洲集团的沟通协调，与发展中国家开展联合研究，积极维护发展中国家利益。继续加强与发达国家沟通交流，增进理解、扩大共识。继续与美国、欧盟、澳大利亚、新西兰、英国、德国等开展部长级和工作层的气候变化对话磋商，推动专家层面的沟通交流。落实中法两国领导人共识，推动建立中法气候变化磋商机制，加强与巴黎会议主席国法国对话沟通，为巴黎会议做好准备和铺垫，共同推动巴黎会议在公开透明、广泛参与、协商一致的基础上取得成功。加强与各国驻华使馆、媒体、非政府组织沟通。

积极推进公约外谈判磋商工作。国家发展和改革委员会会同有关部门积极协调与引导气候变化与能源论坛、联大气候变化高级别会议；利用每次谈判会议和其他非正式磋商加强与有关各方对话磋商；就中国政府参加蒙约、国际海事组织、国际民航组织会议对案研提意见并参加相关谈判磋商，完成好公约外有关谈判任务。继续积极参与和关注东亚低碳增长伙伴计划、全球清洁炉灶联盟、农业温室气体全球研究联盟、气候与清洁空气联盟等公约外机制；积极参与二十国集团、亚太经合组织、东亚领导人会议、联合国贸发会议、世界贸易组织等渠道下气候变化相关议题的讨论。

（三）巴黎会议的基本立场和主张

气候变化是全人类面临的共同挑战，需要世界各国携手合作、共同应对。巴黎会议是全球气候治理进程中的里程碑，将通过关于 2020 年后加强应对气候变化行动的协议。中方愿意按照“共同但有区别的责任”原则、公平原则和各自能力原则，与各方一道积极建设性推动谈判进程，确保2015年巴黎会议上如期达成协议，构建公平合理的国际气候制度。

2015年协议应坚持以《联合国气候变化框架公约》及其《京都议定书》为基础，全面遵循《公约》的原则、规定和架构，尊重发达国家和发展中国家在历史责任、国情、发展阶段和能力上的区别，统筹处理好减缓、适应、资金、技术、能力建设和透明度等各项要素，加强《公约》在2020年后的全面、有效和持续实施。发达国家应认真兑现2020年前减排及提供资金和技术支持的承诺，并在2020年后继续为发展中国家提供支持，为巴黎会议取得成功奠定互信基础。中方全力支持东道国法国办好巴黎会议。

二、加强国内应对气候变化工作的策略和建议

应对气候变化问题的实质，是推进以新能源、新技术、合理的生产和生活方式为核心的绿色革命。这是未来大国争夺的战略制高点，也是解决能源、粮食、资源、环境等一系列非传统安全问题的重要途径。我国需要着眼长远，未雨绸缪。

应对气候变化，必须统筹国内国际两个大局，把妥善应对气候变化谈判的国际压力作为促进国内经济社会全面、协调、可持续发展的一种助力或者动力。同时，必须坚持“以外促内”，把应对气候变化工作作为发展绿色经济、调整经济结构、转变传统生产方式和消费方式等的重要抓手和切入点，作为增强和提升我国软实力建设的重要工作。

（一）“十三五”实施煤炭和二氧化碳排放的总量控制目标，建立“强度”和“总量”的双控机制

在“十二五”合理控制能源消费总量基础上，结合当前的雾霾等环境问题的治理，“十三五”应进一步实施煤炭消费总量和二氧化碳排放总量的控制目标，促进经济发展方式向绿色低碳转型。到2020年，在大力发展新能源、可再生能源和天然气等清洁、高效、低碳能源的同时，煤炭的比例可下降到60%以下，其消费量可控制在40亿吨以内，能源消费的二氧化碳排放也可控制在95亿吨左右。东部沿海地区的煤炭消费量和二氧化碳排放量可达到峰值。也应将其作为约束性目标列入“十三五”规划。“十三五”是我国经济发展方式转变的关键时期，要

充分发挥减排二氧化碳与环境治理的协同效应，促进经济发展方式的绿色低碳转型。

进入21世纪以来，我国能源消费总量快速增加，十年增长了2.2倍。2011年我国一次能源消费总量达到了34.78亿吨标准煤，约占全世界能源消费总量的20%，超过美国成为第一。据统计，世界能源消费总增量的45%以上来自我国，其中煤炭增量占世界总增量的75%以上，石油进口增量占世界国际贸易总增量的近60%。为满足用能需求，我国煤炭生产量已远远超过科学产能的规模，石油进口量达到2亿吨，对外依存度达53%以上。

“十一五”期间我国的能源需求年增长速度约为8%，当前仍呈快速增长趋势。预计到“十二五”末期，我国的能源总需求量将达到42亿吨标准煤，2020年可能超过50亿吨标准煤。但是从能源的可供给情况看，我国化石能源合理开发加上进口的供应能力总计约为40亿吨标准煤。基于我国的煤炭资源禀赋，即使经过大规模改造提升，可形成的煤炭科学产能总量仍然十分有限，即便加快天然气、核能和各种可再生能源的开发，也难以支撑过高的能源消费增长。

此外，如果继续扩大煤炭产量，不但难以实现安全生产，还将导致水资源破坏、生态失衡、环境污染和土地沉降等一系列严重的环境问题。而与煤炭消费相伴的二氧化碳排放问题，将增加我国在全球温室气体减排形势下的压力；对与二氧化碳同根、同源、同步的二氧化硫，氮氧化物和烟尘微粒等大气污染物排放的控制也将更加困难。这一趋势将使国内资源环境制约因素日趋强化，有悖于我国实现科学发展的基本理念。

因此，要正确理解我国经济社会发展的战略机遇期，正视我国能源环境制约和应对气候变化的现实压力，为确保我国能源资源和环境安全，需要尽快稳定我国化石能源消费总量，确定排放峰值目标的可行性和必要性。建议可考虑设定在2020年前后使我国化石能源消费总量趋于稳定并实现排放峰值的目标，采取更有力的措施促进经济发展方式的转变。

（二）“以外促内”，推动我国绿色低碳发展

当前，我国高耗能产业和项目一定程度上出现了井喷式反弹，扩大投资、扩充产能的资源依赖型粗放增长模式仍在我国相当多的地区继续。部分省、区、市单纯依靠加大投资力度，依靠土地和矿产资源投入，依赖重化工业产能扩张和加大中低端制造业产品出口驱动GDP快速增长势头依然很猛。这在一定程度上反映了各地在落实发展方式转变的“主线”上存在思想认识不到位、政策措施不落实、激励和约束机制不健全等问题。

我国高耗能产业比例过高，现有的基础原材料产能已经充分扩张，并超出合理建设规模需求。例如，第二产业目前在GDP中比例（47%）以及重工业在工业中比例（71%），均已达到或超过发达国家工业化阶段的峰值。水泥产量已占世界总产量的近60%，粗钢产量达到世界总产量的近50%。现有产能可满足每年同时完成25～30亿平方米建筑竣工面积、10万公里公路、7000公里高速公路、6000公里铁路、1500公里高速铁路和改扩新建20个机场。调整经济结构，转变发展方式势在必行。

（三）加快我国应对气候变化立法工作

1. 借鉴国外经验，积极推进应对气候变化立法草案的拟定

我们需要充分借鉴国外针对应对气候变化立法的经验教训，进一步研究立法框架，尤其是要针对“温室气体排放总量控制制度”“温室气体排放许可制度”“碳排放权交易制度”等核心制度深入研究，同时解决立法过程涉及的相关技术和程序问题。

2. 协调各部门，争取“十二五”期间完成应对气候变化的立法工作

气候变化的立法工作涉及全国人大环资委、全国人大法工委、国务院法制办、发改委、外交部等各个部门，协调任务较多。气候立法应结合我国的实际国情，对内可促进国内加快低碳发展，形成约束机制；对外则作为政策宣示，降低国际社会进一步的预期。下一步应加强与各个部门的沟通工作，确定立法内容，争取在本届政府任期内完成气候变化的立法工作。

3. 应对气候变化立法内容需强调综合性协调，更突出低碳发展制度

中国必须走低碳发展道路，需要多方面的巨大努力。转变传统的发展模式，克服传统的惯性，需要采取综合措施，包括行政、经济、社会、法律等方面的协调。生态文明建设需要完善的法律体系保障。

应对气候变化立法突出低碳发展道路相关内容。我国提出绿色、循环、低碳发展。绿色发展方面已有《环保法》，循环发展方面已有《循环经济促进法》，而温室气体排放控制、管理规则、统计核算制度、交易制度、贮藏制度、碳汇、对行业和地方排放总量及峰值的调控与适应能力建设等，事关国家发展方向、转型定位的诸多问题，中国目前仍没有法律涉及。上述问题均属于低碳发展的内容。突出低碳的立法，针对性强且易于操作。突出低碳的立法，把行为约束和刚性责任进行规范，对中国的结构调整具有指导性。

（四）抓住“发展战略机遇期”，建设现代化的生态文明国度

1. 抓住中国绿色转型的机遇期

中国目前的国内状况、国际背景已发生了许多变化。从气候变化谈判和国际能源利用格局的角度来判断，中国发展的关键机遇期在于今后的7～8年。如果中国近期完成了根本的转型，可持续的道路可继续延伸；如果传统的惰性继续延续，中国的经济可能在2020年前后受多重因素制约而步入长期低迷期或不稳定期。

2. 强化生态文明理念，推动绿色转型

国家“十二五”规划第一次提出了生态安全的概念，也是对时代特征的概括。生态文明包括资源的有效供给、环境的健康、经济的竞争力、社会的和谐稳定以及民生质量水平的大幅度提高，提升改造工业、农业、服务业的质量。要实现这一目标，关键在各级政府的领导。传统发展模式的惯性还很大，需要制止“愚昧的增长”和“虚荣的膨胀”。建议把生态文明的内容纳入各级政府的干部培训，采取公众监督、考核和公示制度。

我国迫切需要基于生态文明的理念，在各层面进一步统一思想，深化“发展战略机遇期”在于加快结构调整，转变发展方式的认识；迫切需要明确今后一段时期的低碳和绿色发展战略目标和路径，及早谋划、超前部署，尽快研究提出符合我国特点、代表未来低碳和绿色发展方向的消费模式和发展模式。

专栏10－2：我国低碳发展试点与示范成果

2014年以来，深化国家低碳省区和低碳城市试点，扎实推进低碳工业园区、低碳社区、低碳城（镇）、绿色交通等试点，从不同层次、不同领域探索低碳发展路径和模式。

（一）深化国家低碳省区和低碳城市试点

各低碳试点进一步强化峰值目标倒逼机制，完善温室气体排放数据统计和管理体系，建立控制温室气体排放目标责任制，构建低碳产业体系，积极倡导低碳绿色生活方式和消费模式，加强低碳发展保障能力和基础工作。在两批42个试点省市中，13个试点建立了低碳发展专项资金，36个试点建立起碳减排控制目标分解考核机制，试点省市均已明确提出峰值目标

或正在研究提出峰值目标，其中大部分省市提出的峰值年份在2025年及2025年以前。各试点地区立足实际，探索出城市碳排放核算与管理平台、碳排放影响评估、碳排放权交易、企业碳排放核算报告、低碳产品认证等许多行之有效的低碳发展模式。2015年9月，北京、海南、深圳等10个试点省市在第一届中美气候智慧型/低碳城市峰会上展示了我国在低碳城市建设和应对气候变化领域的突出成果。

（二）加快推进碳排放权交易试点

全面启动碳交易试点。截至2014年年底，北京、上海、天津、重庆、广东、深圳和湖北7个碳排放权交易试点均发布了地方碳交易管理办法，共纳入控排企业和单位1900多家，分配碳排放配额约12亿吨。试点地区加大对履约的监督和执法力度，2014年和2015年履约率分别达到96%和98%以上。截至2015年8月底，7个试点累计交易地方配额约4024万吨，成交额约12亿元人民币；累计拍卖配额约1664万吨，成交额约8亿元人民币。

不断完善碳交易机制。试点地区不断完善配额分配、温室气体排放核算核查等各项规则，部分试点发挥示范作用探索开展区域碳市场。为活跃碳市场，试点不断扩大交易主体，并开发以地方配额或中国核证自愿减排量（CCER）为标的的碳金融产品和业务。各试点均规定控排企业和单位可使用CCER抵消其配额清缴，比例可占配额量的5%至10%。

推动全国碳市场建设。国家发展和改革委员会于2014年12月发布《碳排放权交易管理暂行办法》，规范碳排放权交易市场的建设和运行，并研究起草《全国碳排放权交易管理条例（草案）》，建设并投入运行国家碳交易注册登记系统。

（三）开展低碳工业园区、社区、城（镇）试点

开展国家低碳工业园区试点。2014年6月，工业和信息化部与国家发展和改革委员会审核公布了第一批55家国家低碳工业园区试点名单。2015年批复同意了39家低碳工业园区试点实施方案。各试点园区通过推广可再生能源，加快传统产业低碳化改造和新型低碳产业发展，实现园区单位工业增加值碳排放大幅下降。通过3年左右的时间，打造一批掌握低碳核心技术、具有先进低碳管理水平的低碳企业，探索适合我国国情的工业园区低碳管理模式，引导和带动工业低碳发展。

开展低碳社区试点。2015年2月，国家发展和改革委员会印发《低碳

社区试点建设指南》，对城市新建社区、城市既有社区、农村社区的试点选取要求，建设目标，建设内容及建设标准进行分类指导。启动《低碳社区试点评价指标体系》和低碳社区碳排放核算方法学研究。

开展国家低碳城（镇）试点。2015 年 8 月，国家发展和改革委员会印发了《国家发展改革委关于加快推进国家低碳城（镇）试点工作的通知》，提出争取用 3 年左右时间，建成一批产业发展和城区建设融合、空间布局合理、资源集约综合利用、基础设施低碳环保、生产低碳高效、生活低碳宜居的国家低碳示范城（镇），并选定广东深圳国际低碳城、广东珠海横琴新区、山东青岛中德生态园、江苏镇江官塘低碳新城、江苏无锡中瑞低碳生态城、云南昆明呈贡低碳新区、湖北武汉华山生态新城、福建三明生态新城作为首批国家低碳城（镇）试点。

三、我国低碳发展需处理好的五大关系

推动低碳发展是一场涉及生产模式、生活方式、价值观念变革的创新实践，是一项关系国家权益、经济增长、民生改善、能源利用、区域发展的系统工程，是一种综合性、系统性、战略性的范式转变，影响面广，必须正确认识和妥善处理好以下五个方面的关系：

（一）国内低碳发展与承担国际义务的关系

在全球共同应对气候变化，各国均需要承担共同减排责任的背景下，碳排放问题直接关系我国在国际社会的影响力和话语权，我国低碳发展不是一种“被动行为”，而是一种“主动战略”。一方面，面对国际谈判和竞争要求，我们必须要为发展争取足够的空间，切实履行发展中大国的责任，积极参与国际应对气候变化规则制定，争取在全球气候变化体制中的有利地位，确保实现向国际社会做出的减排承诺目标。另一方面，我们也要从我国经济社会可持续发展的内在需要和生态文明建设大局出发，立足基本国情、阶段特征和发展需要，把低碳发展作为谋求国际竞争新优势和争夺新一轮发展权的主动选择，合理确定我们的发展战略、目标和路径，做到以我为主、内外有别、统筹应对。

（二）控制温室气体排放与保持经济持续较快发展的关系

当前，我国仍然处于加快建设小康社会和实现现代化发展目标的推进过程之中，仍需在较长时期内保持较快的经济增长速度。加快低碳发展与推动经济持续健康发展的战略目标是一致的，不仅不会抑制经济增长，而且有利于通过进退调整，推动技术创新、制度创新、管理创新，促进经济社会朝高能效、低能耗和低碳排放的模式转型，提高资源能源利用效率和碳生产力。低碳发展，必须要立足碳排放与经济增长的内在关系，统筹控制温室气体排放与经济增速两个指标，把握好碳排放控制的阶段、节奏和力度，合理设定碳排放强度下降与碳排放总量控制两个指标，分阶段、分领域强化低碳发展目标的倒逼作用，抑制高能耗、高排放的传统产业，扶持提升低消耗、高附加值的新兴产业，促进结构优化和转型升级。

（三）低碳消费与改善民生的关系

扩大内需，改善民生是我国推动经济结构战略性调整的重大政策取向，加快低碳发展，是扩大内需、惠及民生、改善环境的重要支撑。碳排放活动涉及全社会衣食住行的方方面面，与百姓生活需求密切关联。加快低碳发展，不是抑制消费，而是更加强调推广低碳生活理念、生活习惯和生活方式，切实保障居民合理改善生活条件及其能源活动所需的基本排放，有效控制破坏自然生态、奢侈消费的高碳排放。推动低碳发展，有利于为消费者提供更加节能环保的创新产品、更加高效便捷的市场服务、更加绿色健康的生态居所和更加安全通畅的出行环境，扩大绿色低碳产品和服务的市场规模，促进经济健康发展，协同推动大气污染治理，改善人居环境质量，促进人与自然的和谐发展。

（四）低碳发展与保障能源安全的关系

我国能源需求总量持续增长与供给相对不足的矛盾依然突出，维护能源安全是我国经济社会发展的重要保障。低碳发展与保障能源安全互为影响、相互支撑。一方面，推动低碳发展，加快风电、太阳能、水电、核电、页岩气等低碳能源的开发利用，推动天然气更大规模的使用，积极提高零排放能源和低排放能源在一次能源消费中的比例，狠抓节能减排，千方百计提高各行业的能源利用效率，有利于从能源供给侧和需求侧两个方面，促进能源安全保障能力提升。另一方面，加快低碳发展，必须充分考虑非化石能源开发利用技术的成熟度及其对能源供给安全的影响，把握好优化调整能源结构的节奏和力度，不能操之过急，要统筹考虑能源勘探开发、加工转换、能源传输和利用的全过程和清洁技术进步，科学合理地进行非化石能源的开发利用，实现低碳发展和保障能源安全的内在要求的有机统一。

（五）政府引导低碳发展与市场配置资源的关系

在市场经济条件下，推动低碳发展必须处理好政府和市场的关系，充分发挥市场在资源配置中的决定性作用和更好发挥政府的调控引导作用。政府部门要侧重于健全低碳发展的法律制度体系，加强低碳发展战略、规划、政策、标准等制定和实施，更好地运用财税、金融和产业政策措施，构建有利于低碳发展的碳交易市场体系，建立公平开放透明的市场规则，通过市场机制优化配置碳资源。市场主体要把控制温室气体排放作为企业参与市场竞争发展的重要资源和经营管理的新内容，积极履行社会责任，加大技术创新、管理创新和市场创新，研发应用节能减碳新技术、新产品，努力提供低碳绿色消费服务，提高市场竞争力，实现经济效益、社会效益和环境效益的共赢。

第十一章　研究展望

碳排放问题是全球关注的热点和学术研究前沿领域，包含复杂的科学问题，既有指标选取和评判标准的科学性问题，也有研究方法的适用性和合理性问题，而这些在学术界还未形成统一的认识。本文参照 IPCC 提供的方法，估算了中国各省域能源消费碳排放强度，并采用空间自相关和空间面板计量等模型方法进行的实证研究，较好地揭示了中国省区碳排放强度时空格局演变特征及其动力因子，可为中央或地方政府制定差异化碳减排政策提供科学依据。但是，各省域碳排放强度的空间自相关分析中，主要依据已有案例研究成果，采用空间邻接关系 K 确定空间权重，未能考虑经济、贸易、人力和资本流动等对空间权重的影响。因此，如何更为科学地判别空间权重、估算距离系数以及考虑经济、人力和资本流等的空间影响，尚值得研究。另一方面，鉴于省区间碳排放强度具有显著的空间自相关性，应用嵌套时间效应和空间效应的 SDM 模型，能定量甄别中国各省区碳排放强度时空格局演变的关键因素，阐明各因素变化对各省区碳排放强度的宏观影响，但是难以定量刻画碳排放强度与各因素变化的空间对应关系及其耦合作用机制。此外，现有的空间面板模型考虑到了系统内部空间单元间的相关性，但是边界处的空间单元还受到系统外与之相邻的空间单元的影响，如何将这些影响纳入模型也是需要深入研究的问题。

通过上面的分析可以发现，我国能源碳排放、人均能源碳排放和单位 GDP 能源碳排放存在明显的空间差异。这种差异不仅体现在宏观的东中西差异上，同时也存在局部的空间相关性，并且在地理空间的分布上存在一定的规律。这种区域差异对我国从宏观的区域层面制定低碳发展战略和实施路径有着重要影响。当前，我国已经向世界做出了庄严的减排承诺，但如何兑现这一承诺，并将减排任务分摊到各地区、各部门还没有形成一个有效的机制。

一、以人均能源碳排放为约束

以人均能源碳排放为约束，即设定人均能源碳排放量为一固定值，各地区不能超过这个值。因为每个地区的居民都应享有平等的碳排放权，所以国家不能制定差异化的标准。以此为约束，首先我国的中、东部地区将面临比西部更大的减排压力，从而给经济发展带来明显的阻滞效应，而西部地区将获得较多的发展机会。可长期以来，东部是推动我国经济快速发展的重要引擎，限制东部发展给西部留出空间，虽然有利于区域之间的均衡发展，但有违市场高效配置资源，不利于实现生产效益最大化的功能。而从局部空间来看，以宁夏、甘肃为核心的大西北地区在人均能源碳减排上要做出更大努力，沿海一带则将获得相对宽松的发展环境，结果势必加剧区域发展的不平衡。西北地区是我国重要的能源生产和输出基地，有很多化石原料初加工和能源生产、转换企业，保障了我国华北、长三角等地经济快速发展中对能源的需求。如此，发展效率能够在约束中得到体现，但地区之间的公平却无法得到保障。

二、以万元 GDP 能源碳排放为约束

确定万元 GDP 能源碳排放作为约束性指标，即各地区万元 GDP 能源碳排放量不能超过某一确定值。以此为限制，则中、西部地区未来将面临节能减排的严峻挑战。我国东部一些省市已经开始步入工业化中期甚至后期，经济结构和产业结构不断优化，重化工业和传统制造业被服务业、高新技术产业、生物医药等新兴产业替代，经济效益提高。而中西部地区正处于工业化、城市化快速发展阶段，资源消耗量大、生产粗放、经济效益低，是单位 GDP 能源碳排放上升最快的时期。中西部地区正在走东部发达地区曾经走过的历程，无差别化的减排政策将引起地区发展机会的不平等。以局部集聚为依据，这种策略将会对我国东北和西北的工业化、城市化进程产生阻碍，而对长江以南的广大地区的约束力明显不够，南北差异在低碳约束下将不断增强。

三、以能源碳排放总量减排为约束

各地区分别确定某一减排量为节能减排的目标，总量减排基于区域现有能源

碳排放量，提出未来一段时间的减排任务。它充分考虑到地区经济实力、发展阶段和科技水平等方面的差异，同时也倡导发达地区应承担更多的责任，因此在公平性上要优于前两种方案；但另一方面，却可能引起减排成本上升和激励失效的问题。在经济发达地区，产业高级化趋势明显，能源利用率高，减排空间小，而通过缩小生产规模或进一步的技术改进来实现减排的成本不断上升，从而造成全社会减排成本的增加。在经济欠发达地区和落后地区，碳排放量大，污染严重。即使国家不规定减排，随着经济发展、产业结构优化，以及受土地、原材料、劳动力价格等外部影响，这些地区也会推动经济发展方式转变、能源利用效率提高，导致减排政策对这些地区不能起到明显的激励作用。

四、低碳发展路径选择

公平和效率之间的冲突是我们最大的社会经济选择，它使我们在社会政策的众多方面遇到了麻烦，在资源环境经济中所涉及的排污权分配也遵循这一规则。基于此，简单的政策规定无法达到最佳治理效果，政府政策和市场调节相结合也许是最佳方案。国际上包括 CDM、碳交易、碳关税等市场减排机制的运营，给我国提供了良好的借鉴经验。在区域总量排放控制的基础上，需要建立我国省际之间、企业之间、部门之间的碳排放交易市场，让价格成为排放权稀缺性的有效反映。一方面，国内经济发达地区可以通过购买落后地区和欠发达地区的碳排放权来调动这些地区通过技术改进提高能源利用效率的积极性，也可以通过技术转让、技术援助等方式帮助提升落后地区的科技水平，这两种方式都有助于降低社会总的减排成本，有利于区域之间的合作和均衡协调发展。另一方面，允许政府部门和企业建立碳排放权储备机构，以此对市场上的碳排放权数量实施调控——当流动过剩、对区域约束力不强时，买入蓄积起来；当排放权紧缺时，再定价出售。同时，还应当深化能源产品定价机制改革，使能源产品价格能真实反映能源生产成本、资源稀缺性和环境社会成本。建立绿色税收体系，用财税手段支持低碳经济发展，提高资源税和环境补偿标准，将环境损害成本和资源耗竭成本反映到能源价格中，降低高能耗产品的出口退税甚至征收出口关税；研究开征碳税，为低碳技术创新和大规模应用提供稳定的价格信号。

参考文献

[1] Ahmad, N. and A. Wyckoff. Carbon dioxide emissions embodied in international trade of goods [R]. OECD. 2003.

[2] Andrew W. Wyckoff, Joseph M. Roop. The embodiment of carbon in imports of manufactured products: Implications for international agreements on greenhouse gas emissions [J]. Energy Policy, 1994, 22 (3): 187 -194.

[3] Ang B W, Zhang F Q, Choi K H. Factorizing Changes in Energy and Environmental Indicators through Decomposition [J]. Energy, 1998, 23 (6): 489 -495.

[4] Ang, B. W. and S. Y. Lee. Decomposition of Industrial Energy Consumption: Some Methodological and Application Issues [J]. Energy Economics, 1994, 16 (2): 83 -92.

[5] Ang, B. W.. Decomposition analysis for policymaking in energy: what is preferred method? [J]. Energy Policy, 2004, 32 (9), 1131 -1139.

[6] Bhattacharyya, S. C.. Decomposition of energy and CO_2 intensities of Thai industry between 1981 and 2000 [J]. Energy Economics, 2004, 6 (5), 765 -781.

[7] Boyd, G. A., D. A. Hanson and T. Sterner. Decomposition of Changes in Energy Intensity - A Comparison of the Divisia Index and Other Methods [J]. Energy Economics, 1988, 10 (4): 309 -312.

[8] Charles Heaps, An Introduction to LEAP [R], Stockholm Environment Institute. February 6, 2008.

[9] D. Hummels, J. Ishii, K - M. Yi. The Nature and Growth of Vertical Specialization in World Trade [J]. Journal of International Economics, 2001, 54: 75 -961.

[10] Dixit A and Stiglitz J, Monopolistic Competition and Optimum Product diversity [R]. American Economic Review, 1977 (67): 297 -308.

[11] Druckman A, Bradley P et al. Measuring Progress towards Carbon Reduction in the UK [R]. International Ecological Footprint Conference 8 – 10 May 2007 Cardiff, UK.

[12] Eder, P., Narodoslawsky, M. What environmental pressures are a region' s industries responsible for? – A method of analysis with descriptive indices and input – output models [J]. Ecological Economics1999, 29 (3): 564 – 575.

[13] Eric Rignot, Jonathan L B, Michiel R, etc. Recent Antarctic ice mass loss from radar interferometry and regional climate modeling [J].. Nature Geoscience, 2008, 1 (2): 106 – 110.

[14] Etheridge D M, Steele L P, Langenfelds R L, etc. Natural and anthropogenic changes in atmospheric CO_2 over the last 1000 years from air in Antarctic ice and firn [J]. Journal of Geophysical Research. 1996, 101: 4115 – 4128.

[15] Fishbone, L G, Giesen, G, Goldstein, G, Hymmen, H A, Stocks, K J, Vos, H, Wilde, D, Zrlcher, R, Balzer, C and Abilock, H. User' s Guide for MARKAL (BNL/KFA Version 2.0): A Multi – Period Linear – Programming Model for Energy Systems Analysis IEA International Systems Analysis Project, Brookhaven National Laboratory, BNL 51701, 1983.

[16] Greening, L. A.. Effects of human behavior on aggregate carbon intensity of personal transportation: comparison of 10 OECD countries for the period1970 – 1993 [J]. Energy Economics. 2004, 26 (1): 1 – 30.

[17] Greening, L. A., Ting, M., Davis, W. B.. Decomposition of aggregate carbon intensity for freight: trends from 10 OECD countries for the period 1971 – 1993 [J]. Energy Economics. 1999, 21 (4): 331 – 361.

[18] Hae – Chun Rhee, Hyun – Sik Chung. Change in CO_2 emission and its transmissions between Korea and Japan using international input – output analysis [J]. Ecological Economics. 2006, 58: 788 – 800.

[19] HM Government. Draft Climate Change Bill [R]. London, TSO. (2007).

[20] Howarth, R. B. and L. Schipper. Manufacturing energy use in eight OECD countries: trends through 1988, Energy Journal. 1991, 12 (4) (December): 15 – 40.

[21] Howarth, R. B. Energy use in U. S. manufacturing: the impacts of the energy shocks on sectoral output, industry structure, and energy intensity [J]. Journal of Energy and Development. 1989 (Spring), 14 (2): 138 – 146.

[22] Howarth, R. B., L. Schipper, P. A. Duerr and S. Strom. Manufacturing energy use in eight OECD countries [J]. Energy Economics. 1991 (April), 13 (2): 135 – 142.

[23] Hyun – Sik Chung, Hae – Chun Rhee. A residual – free decomposition of the sources of carbon dioxide emissions: a case of the Korean industries [J]. Energy. 2001 (6): 15 – 30.

[24] IPCC. 2006 IPCC Guidelines for National Greenhouse Gas Inventories. Prepared by the National Greenhouse Gas Inventories Programme, Eggleston H S, Buendia L, Miwa K, Ngara T and Tanabe K (eds) [R] . Published: IGES, Japan. 2006.

[25] IPCC. Climate Change: The IPCC 1990 and 1992 Assessment [R], 1992.

[26] IPCC. IPCC Fourth Assessment Report /Climate Change 2007 [R] . Synthesis Report, 2007.

[27] Isard W. The pollution content ofAmerican trade. [J] . Western Economic Journal. 1973, 9 (1): 61 -70;

[28] Kanemoto, K. , Tonooka, Y. Embodied CO_2 emissions in Japan's international trade [J]. Journal of Japan Society of Energy and Resources. 2009, 30 (2): 15 - 23.

[29] Kondo, Y. , Moriguchi, Y. , Shimizu, H. . CO_2 emissions in Japan: influences of imports and exports [J] . Applied Energy. 1998, 59 (2): 163 -174.

[30] Konow, J. . Fair and square: the four sides of distributive justice [J] . Journal of Economic Behavior and Organization . 2001, 46 (4): 137 -164.

[31] Lan - Cui Liu, Ying Fan, Gang Wu, Yi - Ming Wei. Using LMDI method to analyze the change of China's industrial CO_2 emissions from final fuel use: An empirical analysis [J] . Energy Policy. 2007, 35 (2): 5892 -5900.

[32] Lee Schipper, Scott Murtishaw, Marta Khrushch, Michael Ting. Carbon emissions from manufacturing energy use in 13 IEA countries: long - term trends through 1995 [J] . Energy Policy. 2001, 29 (3) : 667 -688.

[33] Lenzen, M. , Pade, L. L. , Munksgaard, J. CO_2 multipliers in multi - region input - output models [J] . Economic Systems Research. 2004, 16 (4): 391 -412.

[34] Leontief W. Input - Output Economics. Oxford University Press [M] . New York, 1966.

[35] Li Y. , Hewitt C. N. . The effect of trade between China and the UK on national and global carbon dioxide emissions [J] . Energy Policy . 2008, 36 (6): 1907 -1914.

[36] Limmeechokchai B. , Suksuntornsiri P. . Embedded energy and total greenhouse gas emissions in final consumptions within Thailand [J] . Renewable and Sustainable Energy Reviews. 2007, 11 (2): 259 -281.

[37] Liu, X. Q. , Ang, B. W. , Ong, H. L. . The application of Divisia index to the decomposition of changes in industrial energy consumption [J] . The Energy Journal. 1992, 13 (4): 161 -177.

[38] Machado G. , Schaeffer R. and Worrell E. Energy and carbon embodied in the international trade of Brazil: an input - output approach [J] . Ecological Economics. 2001, 39 (3): 409 -424.

[39] Mayer H. . Environmental impacts of household consumption in Germany 1995 -2005 [J] .

International Input – Output Meeting on Managing the Environment, July 2008: 9 – 11, Seville, Spain.

[40] McGregor, P. G., Swales, J. K., Turner, K.. The CO_2 'trade balance' between Scotland and the rest of the UK: performing a multi – region environmental input – output analysis with limited data [J]. Ecological Economics, 2008, 66 (4): 662 – 673.

[41] Minx J., Scott K., Peters G., Barrett J.. An Analysis of Sweden's Carbon Footprint – A report to WWF Sweden [R]. February2008. WWF, Stockholm, Sweden.

[42] ClarkeSather, QuJ. S., WangQ., ZengJ. J., LiY., Carbon in equality at the Sub – National Scale: A case study of provincial leve line quality in CO_2 emissions in china1997 ~ 2007 [J]. Energy Policy. 2009, Vol. 39 (11), pp. 5420 ~ 5428.

[43] 王群伟，周鹏，周德群．我国二氧化碳排放绩效的动态变化、区域差异及影响因素［J］．中国工业经济［J］，2010，1：45 – 54.

[44] 李国志，李宗植．中国二氧化碳排放的区域差异和影响因素研究［J］．中国人口资源与环境，2010，5：22 – 27.

[45] 林伯强，黄光晓．梯度发展模式下中国区域碳排放的演化趋势——基于空间分析的视角［J］．金融研究，2011，1：35 – 46.

[46] 许广月．我国碳排放影响因素及其区域比较研究：基于省域面板数据［J］．财经论丛，2011，3：14 – 18.

[47] 杨骞，刘华军．中国二氧化碳排放的区域差异分解及影响因素［J］．数量经济技术经济研究，2012，5：36 – 49.

[48] 邹秀萍，宋敦江．中国碳排放的区域差异及驱动因素分解分析［J］．生态经济，2013，1：23 – 29.

[49] 公维凤，周德群，王传会．全国及省际能耗强度与碳强度约束下经济增长优化研究［J］．财贸经济，2012，3：35 – 45.

[50] 陈诗一，严法善，吴若沉．资本深化、生产率提高与中国二氧化碳排放变化——产业、区域、能源三维结构调整视角的因素分解分析［J］．财贸经济，2010，12：26 – 37.

[51] 任志远，李强．1978 年以来中国能源生产与消费时空差异特征［J］．地理学报，2008，12：14 – 27.

[52] 彭远新，林振山．中国能源消费与经济重心偏移分析［J］．统计与决策，2009，13：14 – 21.

[53] 宁亚东，张永红．中国能源及 CO_2 排放重心动态演化及分析［J］．能源技术与管理，2011，5：17 – 24.

[54] 史丹．我国经济增长过程中能源利用效率的改进［J］．经济研究，2002，9：49 – 56 + 94.

［55］刘佳骏，董锁成，李宇．产业结构对区域能源效率贡献的空间分析——以中国大陆31省区为例［J］．自然资源学报，2011，12：1999－2011.

［56］张友国．经济发展方式变化对中国碳排放强度的影响［J］．经济研究 2010，4：120－133.

［57］刘佳骏，史丹，李雪慧．中国碳排放转移趋势与驱动因素分析［J］．财贸经济，2013，33（12）：112－123.

［58］AnselinL. Do patialffectsreallyMatterinRegressionAnalysis? PapersoftheRegionalScienceAssociation，1988，Vol. 65，pp. 11－34.

［59］Barro，R.，andSalai，Martin，X.，ConvergenceacrossStatesandRegions，BrookingPapersonEconomicActivity，1991，Vol. 1，pp. 107－182.

［60］林伯强，蒋竺均．中国二氧化碳的环境库茨涅茨曲线预测及影响因素分析［J］．管理世界，2009，24（4）：27－36.

［61］宋德勇，卢忠宝．中国碳排放影响因素分解及其周期性波动研究［J］．中国人口．资源与环境，2009，19（3）：18－24.

［62］李国志，李宗植．中国二氧化碳排放的区域差异和影响因素研究［J］．中国人口．资源与环境，2010，20（5）：22－27.

［63］李涛，傅强．中国省际碳排放效率研究［J］，统计研究，2011，28（7）：62－70.

［64］王群伟，周鹏，周德群．我国二氧化碳排放绩效的动态变化、区域差异及影响因素［J］．中国工业经济，2010，27（1）：45－54.

［65］张雷，黄园淅，李艳梅，程晓凌．中国碳排放区域格局变化与减排途径分析［J］．资源科学，2010，3，（2）：211－217.

［66］宋帮英，苏方林．我国省域碳排放量与经济发展的 GWR 实证研究［J］．财经科学，2010，53（4）：41－49.

［67］刘卫东，张雷，王礼茂等，我国低碳经济发展框架与科学基础：实现 2020 年单位 GDP 碳排放降低 40%－45% 的路径研究 M］．商务印书馆．2010.

［68］国务院发展研究中心发展战略和区域经济研究部课题组．中国区域科学发展研究［M］．中国发展出版社．2004.

［69］岳超，胡雪洋，贺灿飞，等．1995－2007 年我国省区碳排放及碳强度的分析——碳排放与社会发展［J］．北京大学学报（自然科学版），2010b，5（4）：510－516.

［70］杨振．基于环境容量的能源消费碳排放空间公平性研究［J］．中国能源，2010（7）：25－28.

［71］杨嵘，常烜钰．西部地区碳排放特征及发展低碳经济途径分析［J］．西南石油大学学报（社会科学版），2012（1）：17－22.

［72］王铮，黎华群，张焕波，等．中美减排二氧化碳的 GDP 溢出模拟［J］．生态学报，2007（9）：3718－3726.

[73] 王卉彤，王妙平．中国30省区碳排放时空格局及其影响因素的灰色关联分析 [J]．中国人口．资源与环境，2011 (7)：140 - 145.
[74] 王锋，吴丽华，杨超．中国经济发展中碳排放增长的驱动因素研究 [J]．经济研究，2010 (2)：123 - 136.
[75] 孙耀华，李忠民．中国各省区经济发展与碳排放脱钩关系研究 [J]．中国人口．资源与环境，2011 (5)：87 - 92.
[76] 陆钟武，王鹤鸣，岳强．脱钩指数：资源消耗、废物排放与经济增长的定量表达 [J]．资源科学，2011 (1)：2 - 9.
[77] 刘华军，闫庆悦，孙曰瑶．中国二氧化碳排放的环境库兹涅茨曲线——基于时间序列与面板数据的经验估计 [J]．中国科技论坛，2011 (4)：108 - 113.
[78] 李忠民，宋凯，孙耀华．碳排放与经济增长脱钩指标的实证测度 [J]．统计与决策，2011 (14)：86 - 88.
[79] 李珊珊，罗良文．FDI行业结构对中国对外贸易隐含碳排放的影响——基于指数因素分解的实证分析 [J]．资源科学，2012：1 - 10.
[80] 李明贤，刘娟．中国碳排放与经济增长关系的实证研究 [J]．技术经济，2010 (9)：33 - 36.
[81] 李江苏，张雷，程晓凌．中国碳排放增长机理分析 [J]．资源科学，2010 (11)：2059 - 2065.
[82] 蒋金荷，吴滨．低碳经济模型现状和几个理论问题探讨 [J]．资源科学，2010 (2)：242 - 247.
[83] 蒋金荷．中国碳排放量测算及影响因素分析 [J]．资源科学，2011 (4)：597 - 604.
[84] 陈俊武，陈香生．中国中长期碳减排战略目标初探（Ⅳ）——天然气能源在中国的应用前景和碳减排分析 [J]．中外能源，2011 (8)：1 - 13.
[85] 王铮，马翠芳，王莹，等．区域间知识溢出的空间认识 [J]．地理学报，2003b (5)：773 - 780.
[86] 王铮，武巍，吴静．中国各省区经济增长溢出分析 [J]．地理研究，2005 (2)：243 - 252.
[87] 肖慧敏．中国产业结构变动的碳排放效应研究——基于省级面板数据 [J]．地域研究与开发，2011 (5)：84 - 87.
[88] 黄贤金，谭丹．我国东、中、西部地区经济发展与碳排放的关联分析及比较 [J]．中国人口□资源与环境．2008，18 (3)：54 - 57.
[89] 刘红光．中国产业能源消费碳排放的区域联系研究 [D]．中国科学院博士学位论文，2010.
[90] 刘红光，刘卫东，唐志鹏．中国产业能源消费碳排放的结构及其减排敏感性分析 [J]．地理科学进展．2010，29 (6)：701 - 707.

[91] 刘卫东，陆大道等．我国低碳经济发展框架与科学基础实现2020年单位GDP碳排放降低40%－45%的路径研究［M］．北京：商务印书馆，2010.

[92] 国家信息中心．中国区域间投入产出表［M］．北京：社会科学文献出版社，2005.

[93] 查冬兰，周德群．地区能源效率与二氧化碳排放的差异性基于Kaya因素分解［J］．系统工程．2007，25（11）：65－71.

[94] 仲云云，仲伟周．我国碳排放的区域差异及驱动因素分析［J］．财经研究．2012，38（2）：123－133.

[95] Isard W. 区域科学导论（中译本）［M］，北京：高等教育出版社，1990.

[96] Leontief W. 投入产出经济学［M］（中译本），商务印书馆，1980.

[97] 崔功豪，魏清泉，陈宗兴．区域分析与规划［M］．北京，高等教育出版社，1999：

[98] 林而达，李玉娥．全球气候变化和温室气体清单编制方法［M］．气象出版社，北京．1998，03.

[99] 石敏俊，金凤君，李娜等．中国地区间经济联系与区域发展驱动力分析［J］．地理学报，2006，61（6）：593－603.

[100] 王灿，陈吉宁，邹骥．基于CGE模型的CO_2减排对中国经济的影响［J］．清华大学学报（自然科学版）．2005，45（12）：1621－1624.

[101] 魏一鸣，范英等．中国能源报告（2006）——战略与政策研究［M］．科学出版社．北京，2006，3.

[102] 国家发展和改革委员会能源研究所"中国可持续发展能源暨碳排放情景分析"课题组．中国可持续发展能源暨碳排放情景分析－综合报告［R］．2003，5.

[103] 国家发展和改革委员会．中国应对气候变化的政策与行动——2009年度报告［R］．2009年11月．

[104] 中国国家发展和改革委员会．中国应对气候变化国家方案．2007，6：6.

[105] IEA，CO_2 emissions from fuel combustion － highlights. IEA STATISTICS，2010 Edition.

[106] IPCC. 2006 IPCC Guidelines for National Greenhouse Gas Inventories. Prepared by the National Greenhouse Gas Inventories Programme［M］，Eggleston H S，Buendia L，Miwa K，Ngara T and Tanabe K（eds）．Published：IGES，Japan. 2006.

[107] IPCC. IPCC Fourth Assessment Report /Climate Change 2007：Synthesis Report［R］. 2007.

[108] IPCC. IPCC Third Assessment Report /Climate Change 2001：Synthesis Report［R］．2001.

[109] 赵雲泰，黄贤金，钟太洋，等．1999～2007年中国能源消费碳排放强度空间演变特征［J］．环境科学，2011（11）：3145－3152.

[110] 许俊杰，王海霞．能源消费与温室气体排放的国际比较［J］．能源环境保护，2011，25（1）：4－8.

[111] 张兵，杨凌等．开发清洁发展机制项目的 SWOT 分析［J］．生态经济，2009，(5)：65－69.

[112] 刘佳骏，史丹，汪川．中国碳排放空间相关与空间溢出效应研究［J］．自然资源学报，2015，30（8）：1289－1303.

[113] 刘佳骏．中国北方沿海地区生态经济区划研究［M］．社会科学文献出版社，2015年7月．

[114] 刘佳骏，汪川．国外碳金融体系运行经验借鉴与中国制度安排［J］．全球化，2016，3：80－91＋136.

[115] 刘佳骏．我国资源约束问题与对策研究［J］．改革与战略，2014，30（9）：39－42＋51.

[116] 刘佳骏，史丹，李宇．中国主要煤炭基地生态环境脆弱度判别与调控对策［J］．中国能源，2014，.36（7）：5－9.

[117] IPCC. WorkingGroupIIIReport "MitigationofClimateChange". Cambridge, UnitedKingdom-andNewYork: CambridgeUniversityPress, 2007.

[118] IPCC. 2006IPCCGuidelinesforNationalGreenhouseGasInventories.

[119] http: //www. ipcc－nggip. iges. or. jp/public/2006gl/in－dex. html.

[120] http: //www. worldbank. org.

[121] http: //cdiac. ornl. gov.

[122] http: //www. ipcc. ch.

[123] www. hebei. gov. cn/

[124] http: //www. refsobar. com/news/99930. html.

[125] IPCC. ClimateChange2007: SynthesisReport. Geneva, Switzerland, 2007.

[126] www. beijing. gov. cn/

[127] http: //www. sdpc. gov. cn/

[128] http: //www. mof. gov. cn/

[129] http: //www. zhb. gov. cn/

[130] http: //www. mlr. gov. cn/

[131] http: //www. mohurd. gov. cn/

[132] http: //www. stats. gov. cn/

[133] http: //data. stats. gov. cn/

[134] http: //www. stats. gov. cn/tjsj/tjgb/ndtjgb/

附录：本研究主要数据

一、各地区能源消费量（万吨标煤）

	1995	1996	1997	1998	1999	2000	2001	2002	2003	2004	2005	2006	2007	2008	2009	2010
北京	3518	3663	3833	3913	3986	4212	4313	4436	4648	5140	5522	5904	6285	6327	6570	6954
天津	2569	2500	2459	2445	2553	2794	2918	3022	3215	3697	4085	4500	4943	5364	5874	6818
河北	8990	8938	9033	9151	9379	9893	10391	13405	15298	17348	19836	21794	23585	24322	25419	27531
山西	8413	6848	6983	6626	6501	6735	7968	9340	10386	11251	12750	14098	15601	15675	15576	16808
内蒙古自治区	2632	2822	3374	3050	3803	3540	4073	4560	5778	7623	9666	11221	12777	14100	15344	16820
辽宁	9671	9738	9474	9106	9384	10766	10656	10602	11253	13074	13611	14987	16544	17801	19112	20947
吉林	4109	4175	4333	3751	3693	3655	3863	4531	5174	5603	5315	5908	6557	7221	7698	8297
黑龙江	5935	5869	6435	5975	6058	6166	6037	6004	6714	7466	8050	8731	9377	9979	10467	11234
上海	4466	4782	4759	4874	5208	5492	5818	6249	6796	7406	8225	8876	9670	10207	10367	11201
江苏	8047	8111	7991	8113	8164	8612	8881	9609	11060	13652	17167	19041	20948	22232	23709	25774
浙江	4580	4853	5069	5222	5457	5967	6530	8280	9523	10825	12032	13219	14524	15107	15567	16865
安徽	4194	4516	4405	4575	4683	4879	5118	5316	5457	6017	6506	7069	7739	8325	8896	9707

续表

	1995	1996	1997	1998	1999	2000	2001	2002	2003	2004	2005	2006	2007	2008	2009	2010
福建	2280	2452	2536	2579	2772	2943	3163	4236	4808	5449	6142	6828	7587	8254	8916	9809
江西	2392	2155	2132	2028	2134	2220	2329	2933	3426	3814	4286	4660	5053	5383	5813	6355
山东	8780	9163	9154	9012	9068	8203	9955	14599	16625	19624	24162	26759	29177	30570	32420	34808
河南	6473	6654	6711	7244	7380	7876	8244	9055	10595	13074	14625	16232	17838	18976	19751	21438
湖北	5655	5998	6109	6046	5988	6269	6052	6713	7708	9120	10082	11049	12143	12845	13708	15138
湖南	5426	5473	4808	4894	4087	4071	4622	5382	6298	7599	9709	10581	11629	12355	13331	14880
广东	7345	7746	7953	8376	8735	9448	10179	11355	13099	15210	17921	19971	22217	23476	24654	26908
广西	2384	2422	2605	2438	2473	2669	2669	3120	3523	4203	4869	5390	5997	6497	7075	7919
海南	303	345	390	407	431	480	520	602	684	742	822	920	1057	1135	1233	1359
重庆	2725	2701	2656	3277	3689	4023	3016	2696	3069	3670	4943	5368	5947	6472	7030	7856
四川	6800	6741	6628	6750	6370	0	6810	7510	9204	10700	11816	12986	14214	15145	16322	17892
贵州	3183	3690	3960	4315	4018	4325	4438	4470	5534	6021	5641	6172	6800	7084	7566	8175
云南	2641	2768	3429	3364	3288	3207	3490	4131	4450	5210	6024	6621	7133	7511	8032	8674
陕西	3134	3525	3111	3022	2668	2731	3257	3713	4170	4776	5571	6129	6775	7417	8044	8882
甘肃	2738	2803	2581	2687	2917	3012	2905	3174	3525	3908	4368	4743	5109	5346	5482	5923
青海	688	698	707	739	939	879	930	1019	1123	1364	1670	1903	2095	2279	2348	2568
宁夏回族自治区	759	801	805	827	848	1025	1201	1378	2015	2322	2536	2830	3077	3229	3388	3681
新疆维吾尔自治区	2830	3224	3230	3280	3215	3316	3496	3723	4177	4910	5506	6047	6576	7069	7526	8290

二、各地区人口（万人）

	1995	1996	1997	1998	1999	2000	2001	2002	2003	2004	2005	2006	2007	2008	2009	2010
北京	1251	1259	1240	1246	1257	1364	1385	1423	1456	1493	1538	1601	1676	1771	1860	1962
天津	942	948	953	957	959	1001	1004	1007	1011	1024	1043	1075	1115	1176	1228	1299
河北	6437	6484	6525	6569	6614	6674	6699	6735	6769	6809	6851	6898	6943	6989	7034	7194
山西	3077	3109	3141	3172	3204	3247	3272	3294	3314	3335	3355	3375	3393	3411	3427	3574
内蒙古自治区	2284	2307	2326	2345	2362	2372	2381	2384	2386	2393	2403	2415	2429	2444	2458	2472
辽宁	4092	4116	4138	4157	4171	4184	4194	4203	4210	4217	4221	4271	4298	4315	4341	4375
吉林	2592	2610	2628	2644	2658	2682	2691	2699	2704	2709	2716	2723	2730	2734	2740	2747
黑龙江	3701	3728	3751	3773	3792	3807	3811	3813	3815	3817	3820	3823	3824	3825	3826	3833
上海	1415	1419	1457	1464	1474	1609	1668	1713	1766	1835	1890	1964	2064	2141	2210	2303
江苏	7066	7110	7148	7182	7213	7327	7359	7406	7458	7523	7588	7656	7723	7762	7810	7869
浙江	4319	4343	4435	4456	4475	4680	4729	4776	4857	4925	4991	5072	5155	5212	5276	5447
安徽	6013	6070	6127	6184	6237	6093	6128	6144	6163	6228	6120	6110	6118	6135	6131	5957
福建	3237	3261	3282	3299	3316	3410	3445	3476	3502	3529	3557	3585	3612	3639	3666	3693
江西	4063	4105	4150	4191	4231	4149	4186	4222	4254	4284	4311	4339	4368	4400	4432	4462
山东	8705	8738	8785	8838	8883	8998	9041	9082	9125	9180	9248	9309	9367	9417	9470	9588

续表

	1995	1996	1997	1998	1999	2000	2001	2002	2003	2004	2005	2006	2007	2008	2009	2010
河南	9100	9172	9243	9315	9387	9488	9555	9613	9667	9717	9380	9392	9360	9429	9487	9405
湖北	5772	5825	5873	5907	5938	5646	5658	5672	5685	5698	5710	5693	5699	5711	5720	5728
湖南	6392	6428	6465	6502	6532	6562	6596	6629	6663	6698	6326	6342	6355	6380	6406	6570
广东	6868	6961	7051	7143	7270	8650	8733	8842	8963	9111	9194	9442	9660	9893	10130	10441
广西	4543	4589	4633	4675	4713	4751	4788	4822	4857	4889	4660	4719	4768	4816	4856	4610
海南	724	734	743	753	762	789	796	803	811	818	828	836	845	854	864	869
重庆	3003	3031	3042	3060	3075	2849	2829	2814	2803	2793	2798	2808	2816	2839	2859	2885
四川	8322	8399	8430	8493	8550	8329	8143	8110	8176	8090	8212	8169	8127	8138	8185	8045
贵州	3508	3555	3606	3658	3710	3756	3799	3837	3870	3904	3730	3690	3632	3596	3537	3479
云南	3990	4042	4094	4144	4192	4241	4287	4333	4376	4415	4450	4483	4514	4543	4571	4602
陕西	3514	3543	3570	3596	3618	3644	3653	3662	3672	3681	3690	3699	3708	3718	3727	3735
甘肃	2438	2467	2494	2519	2543	2515	2523	2531	2537	2541	2545	2547	2548	2551	2555	2560
青海	481	488	496	503	510	517	523	529	534	539	543	548	552	554	557	563
宁夏回族自治区	513	521	530	538	543	554	563	572	580	588	596	604	610	618	625	633
新疆维吾尔自治区	1661	1689	1718	1747	1774	1849	1876	1905	1934	1963	2010	2050	2095	2131	2159	2185

三、各地区 GDP（1995 年不变价）（亿元）

	1995	1996	1997	1998	1999	2000	2001	2002	2003	2004	2005	2006	2007	2008	2009	2010
北京	1395	1523	1669	1833	2021	2243	2505	2794	3101	3538	3966	4482	5132	5599	6170	6805
天津	920	1052	1179	1289	1418	1571	1759	1982	2276	2635	3028	3473	4011	4673	5444	6392
河北	2850	3234	3638	4028	4396	4813	5231	5736	6401	7227	8196	9294	10483	11542	12696	14245
山西	1092	1213	1340	1461	1535	1655	1822	2057	2363	2722	3090	3485	4039	4383	4619	5261
内蒙古自治区	833	939	1030	1129	1216	1334	1475	1669	1963	2373	2938	3499	4171	4914	5744	6606
辽宁	2793	3034	3304	3578	3872	4218	4597	5068	5651	6374	7184	8204	9434	10698	12100	13818
吉林	1129	1284	1402	1528	1653	1804	1972	2159	2379	2669	2992	3441	3995	4635	5265	5991
黑龙江	2015	2226	2449	2652	2849	3083	3370	3715	4094	4573	5103	5721	6407	7163	7980	8993
上海	2463	2783	3136	3453	3805	4215	4657	5185	5823	6650	7408	8349	9618	10551	11416	12592
江苏	5155	5784	6478	7191	7919	8761	9650	10776	12242	14053	16091	18489	21243	23941	26910	30328
浙江	3525	3972	4413	4859	5346	5936	6568	7398	8485	9715	10959	12482	14317	15763	17166	19209
安徽	2004	2292	2583	2803	3030	3280	3572	3915	4283	4853	5386	6060	6920	7799	8805	10090
福建	2161	2493	2855	3180	3498	3829	4161	4584	5111	5714	6377	7321	8433	9530	10702	12189
江西	1205	1367	1524	1649	1777	1919	2088	2308	2608	2952	3330	3740	4233	4792	5420	6179

续表

	1995	1996	1997	1998	1999	2000	2001	2002	2003	2004	2005	2006	2007	2008	2009	2010
山东	5002	5613	6241	6915	7617	8417	9262	10348	11735	13542	15573	17862	20399	22847	25634	28787
河南	3003	3420	3776	4104	4435	4854	5291	5792	6411	7290	8325	9524	10914	12235	13568	15264
湖北	2391	2707	3059	3374	3653	3991	4345	4746	5206	5789	6490	7346	8419	9547	10836	12440
湖南	2196	2472	2739	2989	3235	3526	3844	4190	4592	5147	5775	6515	7492	8533	9702	11119
广东	5382	5958	6589	7261	7948	8809	9733	10937	12556	14414	16451	18885	21699	23956	26280	29538
广西	1498	1652	1786	1948	2098	2251	2438	2695	2970	3320	3755	4266	4910	5538	6308	7204
海南	364	382	407	441	479	521	568	622	688	762	842	953	1104	1217	1360	1577
重庆	1001	1113	1235	1339	1441	1563	1704	1878	2094	2350	2625	2950	3419	3915	4498	5267
四川	2533	2789	3074	3353	3541	3860	4207	4638	5162	5817	6550	7435	8513	9449	10819	12453
贵州	630	686	748	811	879	955	1039	1133	1247	1390	1566	1767	2028	2257	2514	2836
云南	1207	1332	1457	1574	1688	1808	1931	2105	2290	2549	2775	3097	3475	3844	4309	4839
陕西	1000	1102	1203	1313	1423	1551	1703	1891	2115	2387	2714	3092	3580	4167	4734	5425
甘肃	553	617	669	731	792	861	945	1038	1149	1282	1433	1598	1794	1975	2179	2436
青海	165	180	196	213	231	251	281	315	352	395	444	503	571	648	713	822
宁夏回族自治区	170	200	216	234	254	279	307	339	382	425	471	531	598	673	754	855
新疆维吾尔自治区	825	878	974	1046	1120	1212	1315	1422	1582	1762	1954	2169	2434	2701	2920	3230

四、各地区城镇化率（%）

	1995	1996	1997	1998	1999	2000	2001	2002	2003	2004	2005	2006	2007	2008	2009	2010
北京	75.6	76.1	76.5	76.9	77.3	77.5	78.1	78.6	79.1	79.5	83.6	84.3	84.5	84.9	85	86
天津	56.8	57.1	57.3	57.6	55.1	72	72.4	72.9	73.5	74.2	75.1	75.7	76.3	77.2	78	79.6
河北	17.1	21	18.2	18.6	19	19.6	20.4	31.9	33.5	35.8	37.7	38.8	40.3	41.9	43.7	44.5
山西	30.1	30.4	30.7	31.2	32.4	34.9	35.1	38.1	38.8	39.6	42.1	43	44	45.1	46	48.1
内蒙古自治区	38.2	38.5	38.9	33.8	34.2	42.7	43.5	42.8	44.6	45.9	47.2	48.6	50.2	51.7	53.4	55.5
辽宁	44.5	44.9	45.2	45.6	45	54.2	55	55.5	56	56	58.7	59	59.2	60.1	60.4	62.1
吉林	42.3	42.4	42.9	43.1	43.3	43.5	43.8	44.5	45	45.2	52.5	53	53.2	53.2	53.3	53.3
黑龙江	53.7	53.8	53.9	54	54.2	51.9	52.4	52.6	52.6	52.8	53.1	53.5	53.9	55.4	55.5	55.7
上海	70.8	71.5	72.2	73	73.8	74.6	75.3	76.4	77.6	81.2	89.1	88.7	88.7	88.6	88.6	89.3
江苏	27.3	27.3	29.9	26.9	29	41.5	42.6	44.7	46.8	48.2	50.5	51.9	53.2	54.3	55.6	60.6
浙江	18.4	18.9	19.6	20.4	21.2	48.7	50.9	51.9	53	54	56	56.5	57.2	57.6	57.9	61.6
安徽	19.1	21.7	22	22.3	26	28	29.3	30.7	32	33.5	35.5	37.1	38.7	40.5	42.1	43
福建	18.7	19.2	19.4	19.9	20.3	41.6	42.4	43.8	45.2	46.3	49.4	50.4	51.4	53	55.1	57.1
江西	20.2	20.5	20.9	21.2	21.4	27.7	30.4	32.2	34	35.6	37	38.7	39.8	41.4	43.2	44.1

续表

	1995	1996	1997	1998	1999	2000	2001	2002	2003	2004	2005	2006	2007	2008	2009	2010
山东	24.9	25.9	26.3	25.9	26.1	38	40.2	41.5	43	44.2	45	46.1	46.8	47.6	48.3	49.7
河南	17.2	18.4	19.6	17.6	16.8	23.2	24.4	25.8	27.2	28.9	30.7	32.5	34.3	36	37.7	38.5
湖北	31.2	33.7	31.2	31.9	33.5	40.5	41	41.7	42.9	43.7	43.2	43.8	44.3	45.2	46	49.7
湖南	24.3	25	25.2	25.9	26.4	29.8	30.8	32	33.5	35.5	37	38.7	40.5	42.2	43.2	43.3
广东	30	30.6	31	31.2	31.3	55	56.5	57.4	58.5	59.6	60.7	63	63.1	63.4	63.4	66.2
广西	19.5	20	21	21.1	21.3	21.3	29.1	29.9	30.9	31.9	33.6	34.6	36.2	38.2	39.2	40
海南	20.2	22	22.9	25.4	27	40.1	41.4	42.6	43.6	44.5	45.2	46.1	47.2	48	49.1	49.8
重庆	16.3	29.5	31	32.6	34.3	35.6	37.4	39.9	41.9	43.5	45.2	46.7	48.3	50	51.6	53
四川	16.3	16.8	17.2	18.8	19.1	29.9	30.9	32.7	33.9	35.3	33	34.3	35.6	37.4	38.7	40.2
贵州	13.5	13.9	14	14	14.3	23.9	24	24.3	24.8	26.3	26.9	27.5	28.2	29.1	29.9	33.8
云南	13.6	14	14.4	14.6	15.2	23.4	24.9	26	26.6	28.1	29.5	30.5	31.6	33	34	34.7
陕西	20.6	21	21.5	21.8	22.2	32.3	33.2	34.6	35.5	36.4	37.2	39.1	40.6	42.1	43.5	45.8
甘肃	23.1	23.2	23.3	23.5	23.7	24	24.5	26	27.4	28.6	30	31.1	32.3	33.6	34.9	36.1
青海	33.9	34.2	34.7	34.6	34.6	34.8	36.3	37.6	38.2	38.6	39.3	39.3	40.1	40.9	41.9	44.7
宁夏回族自治区	26.9	27	27.7	28.4	28.6	32.5	33.3	34.2	36.9	40.6	42.3	43	44	45	46.1	47.9
新疆维吾尔自治区	34.6	35.1	35.2	35.3	35.2	33.8	33.8	33.8	34.4	35.2	37.2	37.9	39.2	39.6	39.9	43

五、各地区第二产业比重（%）

	1995	1996	1997	1998	1999	2000	2001	2002	2003	2004	2005	2006	2007	2008	2009	2010
北京	46.1	42.3	40.8	39.1	38.7	38.1	36.2	34.8	35.8	37.6	29.5	27.8	26.8	25.7	23.5	24
天津	55.7	53	51.9	49.4	49.1	50	49.2	48.8	50.9	53.2	55.5	57.1	57.3	60.1	53	52.5
河北	49.1	48.2	48.9	49	49.1	50.3	49.6	49.8	51.5	52.9	51.8	52.4	52.8	54.2	52	52.5
山西	51.6	51.3	53.3	53.5	50.5	50.3	51.6	53.7	56.6	59.5	56.3	57.8	60	61.5	54.3	56.9
内蒙古自治区	38.4	39.3	40.7	40.2	40.6	39.7	40.5	42	45.3	49.1	45.5	48.6	51.8	55	52.5	54.6
辽宁	51.1	48.7	50	47.8	48	50.2	48.5	47.8	48.3	47.7	49.4	51.1	53.1	55.8	52	54.1
吉林	42.6	40.6	39.8	38.3	40.2	43.9	43.3	43.5	45.3	46.6	43.6	44.8	46.8	47.7	48.7	52
黑龙江	52.7	53.3	53.5	53.2	54.8	57.4	56.1	55.6	57.2	59.5	53.9	54.4	52.3	52.5	47.3	50.2
上海	58	54.5	52.2	50.1	48.4	47.5	47.6	47.4	50.1	50.8	48.6	48.5	46.6	45.5	39.9	42.1
江苏	53.9	51.2	51.1	50.6	50.9	51.7	51.6	52.2	54.5	56.6	56.6	56.6	55.6	55	53.9	52.5
浙江	52.1	53.1	54.1	54.3	54.1	52.7	51.3	51.1	52.6	53.8	53.4	54	54	53.9	51.8	51.6
安徽	50	46.9	47.2	44.7	44	42.7	43	43.5	44.8	45.1	41.3	43.1	44.7	46.6	48.7	52.1
福建	43.9	41.8	43.1	43.4	42.5	43.7	44.8	46.1	47.6	48.7	48.7	49.1	49.2	50	49.1	51
江西	35.7	38.8	38.4	40	38.6	35	36.2	38.8	43.4	45.6	47.3	49.7	51.7	52.7	51.2	54.2

续表

	1995	1996	1997	1998	1999	2000	2001	2002	2003	2004	2005	2006	2007	2008	2009	2010
山东	49.1	47.2	47.9	48.3	48.4	49.7	49.3	50.3	53.5	56.3	57.4	57.7	56.9	57	55.8	54.2
河南	48.2	46.7	47.1	46.2	45.3	47	47.1	47.8	50.4	51.2	52.1	53.8	55.2	56.9	56.5	57.3
湖北	43.2	45.3	46.6	47.3	48.9	49.7	49.6	49.2	47.8	47.5	43.1	44.4	43	43.8	46.6	48.6
湖南	36.5	38.1	39	40.3	39	39.6	39.5	40	38.7	39.5	39.9	41.6	42.6	44.2	43.5	45.8
广东	50.4	50.2	49.9	50.4	50.4	50.4	50.2	50.4	53.6	55.4	50.7	51.3	51.3	51.6	49.2	50
广西	39.1	38	37.7	35.6	35.6	36.5	35.5	35.2	36.9	38.8	37.1	38.9	40.7	42.4	43.6	47.1
海南	25.3	20.9	20.2	20.6	20.1	19.8	20.4	20.7	22.5	23.4	24.6	27.4	29.8	29.8	26.8	27.7
重庆	42	42.1	41.7	41	40.8	41.4	41.6	42	43.4	44.3	41	43	45.9	47.7	52.8	55
四川	42	42.1	41.7	42.7	41.9	42.4	39.7	40.7	41.5	41	41.5	43.7	44.2	46.3	47.4	50.5
贵州	37.6	35.8	37	38.7	38.2	39	38.7	40.1	42.7	44.9	41.8	43	41.9	42.3	37.7	39.1
云南	44.1	45.1	45.6	46.2	44.5	43.1	42.5	42.6	43.4	44.4	41.2	42.8	43.3	43	41.9	44.6
西藏	17.3	17.6	22	22.2	22.7	23.2	23.2	20.4	26	27.2	25.3	27.5	28.8	29.2	31	32.3
陕西	41.2	40.4	41.9	41.1	43.1	44.1	44.3	45.5	47.3	49.1	50.3	53.9	54.2	56.1	51.9	53.8
甘肃	44.1	44.1	43.9	43.9	45.5	44.7	44.9	45.7	46.6	48.6	43.4	45.8	47.3	46.3	45.1	48.2
青海	42.2	39	39	40.2	41.1	43.2	43.9	45.1	47.2	48.8	48.7	51.6	53.3	55.1	53.2	55.1
宁夏回族自治区	41.7	41.2	41.6	41.3	42.5	45.2	45	45.9	49.8	52	46.4	49.2	50.8	52.9	48.9	49
新疆维吾尔自治区	39.4	36.9	39.4	38.6	39.4	43	42.4	42.1	42.4	45.9	44.7	48	46.8	49.6	45.1	47.7